PODER PARA ABRIR FRONTEIRAS

NILDO OLIVEIRA

Copyright © 2018, Teneo Publishing House.
Título: Poder para abrir fronteiras
1ª edição 2018
Proibida a reprodução por qualquer meio,
a não ser em breves citações com indicação da fonte.
ISBN 978 85 54860 12 1
Impresso no Brasil

Editoração
José Alencar Lopes Jr.
Design de Capa
Filadélfia Produções
Revisão Ortográfica
Tereza Cristina Gomes Azeredo e Sueli Lopes Oliveira
Diagramação
Messias Freire

Acesse: www.editorateneo.com

O45p   Oliveira, Adenildo Moreira, 2018.
          Poder para abrir fronteiras. Adenildo Moreira Oliveira - Lisboa. Teneo Publishing House. 2018.

100 p. ; 21 x 14 cm.

ISBN 978 85 54860 12 1

1. Devocional 2. Ensinos práticos
I. Título

CDD 253.8
CDU 231.75

SUMÁRIO

PREFÁCIO 5
CAPÍTULO 1 7
   ENTRE O PODER E AS FRONTEIRAS 7
CAPÍTULO 2 13
   SAI DA TUA TENDA, Ó FILHO MEU!(ABRA FRONTEIRAS!!) 13
CAPÍTULO 3 25
   NÃO CRIE BARREIRAS NAS FRONTEIRAS!!! 25
CAPÍTULO 4 41
   FRONTEIRA FINANCEIRA (DERRUBANDO OS MITOS!) 41
CAPÍTULO 5 59
   UMA BARREIRA CHAMADA MEDO 59
CAPÍTULO 6 71
   VOCÊ ESTÁ NA CAVERNA? (O MEDO DE SE EXPOR) 71
CAPÍTULO 7 77
   UMA MÁSCARA CHAMADA OSTENTAÇÃO (OUTRA FORMA DE MANIFESTAR O MEDO DE SE EXPOR) 77
CAPÍTULO 8 87
   ENCONTRANDO NOVAS FRONTEIRAS: POSSIBILIDADES NAS ADVERSIDADES... 87
CAPÍTULO 9 95
   O PODER JÁ FOI LIBERADO 95
BIBLIOGRAFIA: 100

PREFÁCIO

Quem escreve, escreve para os outros, mas escreve para expressar-se, fala consigo mesmo, coloca no papel seu coração em forma de letras.

NILDO OLIVEIRA escreve porque não tem medo de tentar e sonhar em ir mais longe, sair do lugar comum e descobrir novas fronteiras. Afinal, foi isso que os descobridores e grandes homens do passado fizeram com intrepidez, ousadia e desprendimento.

O autor mostra que somos capacitados a ultrapassar as fronteiras que nos são impostas, que nos limitam, sejam elas culturais, financeiras, familiares, religiosas geográficas, linguísticas ou espirituais. Para isso, é preciso crer em Deus e em si mesmo.

Ter o PODER PARA ABRIR FRONTEIRAS não é garantia de viver livre de tribulações, protegido das dificuldades e estar livre do mal; antes é decidir ter esperança quando não existe nenhuma, crer no que não se vê quando tudo afirma ser impossível; ser visionário quando as circunstâncias parecem favorecer o fracasso. Produzir esperança quando os céticos duvidam das suas intenções. Cantar o hino da vitória quando os atribulados já estão prontos a tocar o hino do silêncio e da dor.

PODER PARA ABRIR FRONTEIRAS nasceu de um coração que provou a fornalha, a solidão, a saudade e a necessidade; ainda assim, conviveu com a distância, buscou a vida, viveu com o imponderado, lutou contra a dúvida, desafiou comportamentos controlados pela mesmice, supostamente normais, e provou que os religiosos que não acreditaram nele, estavam enganados.

O autor mostra de onde vem e como receber o PODER PARA ABRIR FRONTEIRAS. Como perseguir seu sonho, vencer obstáculos, não conformar-se ou ser igual a todo mundo; como não limitar-se e ser mais do que imagina poder ser.

NILDO OLIVEIRA escreve para que seu coração decole até experimentar a emoção de triunfos que somente corajosos e filhos da esperança são capazes de viver. O segredo é tentar, mesmo que a falta de conformismo leve-o a entrar em conflito com os conformados. Não tema os dominadores que ficarem contra você. Torne-se diferente da maioria adormecida. Esforce-se e voe cada vez mais alto, ainda que quebre a cara seguidas vezes.

Junte-se ao autor nessa esplêndida conquista e receba a ousadia para abrir fronteiras que o levarão à sabedoria, ao progresso, ao crescimento e finalmente à experiência com Deus que transformará definitivamente a sua vida. Estude, treine, trabalhe, arrisque, tente e pratique até chegar tão longe como aqueles que escreveram seus nomes na história. Você pode ser feliz e só será verdadeiramente feliz se pelo menos tentar realizar seu sonho. Esteja disposto a oferecer felicidade e ajudar outros a encontrá-la, até mesmo, àqueles que nunca acreditaram que a encontraria e lhe criticaram por procurá-la.

Boa leitura

Silmar Coelho

CAPÍTULO 1

INTRODUÇÃO

ENTRE O PODER
E AS FRONTEIRAS

O livro **PODER PARA ABRIR FRONTEIRAS** é uma obra que usa de embasamento bíblico para impulsionar, incentivar e encorajar pessoas a seguirem adiante, a lutarem por seus sonhos, pois todas as fronteiras podem ser abertas, desde que saibamos usar o poder que nos foi confiado por Deus de forma inteligente, responsável e ousada! Entretanto, não é propósito dessa obra aprofundar teologicamente em textos bíblicos, bem como recorrer a estudos profundos de traduções bíblicas.

Porém, além do embasamento teológico, a obra busca outros conhecimentos imprescindíveis para que o leitor tenha uma clara e total ideia da riqueza de seu conteúdo; tais como: IDENTIDADADE CULTURAL, LINGUÍSTICA, COACHING, SOCIOLOGIA, EDUCAÇÃO, dentre outros. Afinal, o próprio Deus disse "O meu povo perece por falta de conhecimento...!" Não nos enganemos: quanto mais abrirmos nosso leque de conhecimentos, quanto mais aprimorarmos o nosso "background", mais aptos seremos para ganhar espaço nesse mundo globalizado, mais projetos bem-sucedidos teremos, mais abençoadores nos tornaremos! Isso também é levar a salvação, é tomar território das mãos do inimigo! Quanto mais cristãos ocupando lugares influentes nessa sociedade decadente, mais o nome de Deus será exaltado! Precisamos de projetos ousados, inteligentes, convincentes, úteis. Eu disse **PROJETO!** Muitos cristãos estagnaram nos sonhos, mas não projetaram. Existe uma diferença gritante entre sonhar e projetar. Este requer ação, atitudes, decisão, clareza, ao passo que aquele é apenas o começo de tudo. Sonhar é preciso, tornar o sonho em metas é necessário e imprescindível. O simples fato de sonharmos não nos leva adiante; embora sem sonhar não se tenha estímulo para um grande projeto. Ou seja, SONHE!! Porém haja!

MAS, AFINAL, O QUE É PROJETAR?

A palavra de Deus afirma *"Se projetares alguma coisa, ela te sairá bem, e a luz brilhará em teus caminhos."* (Jó 22.28)

Esse versículo deixa claro o poder de um projeto. E temos visto tantas pessoas desacreditando ou desistindo de seus sonhos por não saber projetá-los! Um projeto consta de **metodologia** (como?); **objetivo** geral e objetivos **específicos** (para quê?); **justificativa** (por quê?); **recursos** (humano, financeiro, físico etc.). E o principal: onde eu quero chegar? Não adianta sonhar sem projetar esse sonho! Que tenhamos coragem de sair da zona de conforto! Existem caminhos a percorrer, existem **FRONTEIRAS A SEREM ABERTAS**!!

DE QUE FRONTEIRAS EU ESTOU FALANDO?

Não sejamos acomodados, crescimento exige sacrifício! Há várias fronteiras em nosso percurso: **FRONTEIRA LINGUÍSTICA** (novo idioma. Sim, você pode!!); **FRONTEIRA GEOGRÁFICA** (conhecer outros países. Sim, você pode!!); **FRONTEIRA FINANCEIRA** (prosperidade e abastança. Sim, você pode e deve!!); **FRONTEIRA CULTURAL** (conhecer novas culturas e adquirir novo patamar de conhecimento científico. É óbvio que você pode e deve!).

Afinal, não nos diz a palavra que *"Do Senhor é a Terra e sua plenitude, o mundo e todos os que nele habitam?"* Existem princípios, existem caminhos para nos levar a ser abundantes. O primeiro deles é abandonar as crenças limitantes, as crenças que estão impregnadas em nosso subconsciente ou inconsciente (que não percebemos racionalmente), mas que nos impedem de ser prósperos, por exemplo: dinheiro é sujo, a riqueza nos afasta de Deus, prosperidade não é para todos, não existe o suficiente para todos; dentre várias outras crenças que nos limitam. Superá-las é totalmente possível, desde que admitamos suas influências em nossas vidas e nos abramos para ficar livres delas.

Portanto, se você não é um acomodado, se você tem muitos sonhos, mas não consegue projetá-los, tais como: falar novos idiomas, conhecer ou viver em outros países, adquirir prosperidade em todas as áreas de sua vida; enfim, se você deseja saber sobre o **PODER PARA ABRIR FRONTEIRAS**, esse livro é para você! Não é uma receita mágica, mas é uma obra séria, a qual narra uma história de vida de quem atravessou todas essas fronteiras, de quem saiu do campo de Minas Gerais e tornou-se cidadão europeu, com muita garra e perseverança. Alguém que hoje tem a alegria de compartilhar essas experiências, aliadas a uma vasta pesquisa, para que você seja abençoado!

A COMPLEXIDADE DA PALAVRA PODER!

Infelizmente, a palavra poder tem sido distorcida e muitos líderes (religiosos ou não) a tem usado de forma errônea. Obviamente que o poder também implica autoridade e que toda autoridade merece ser respeitada, mas seu significado é mais complexo. Observe o título do livro: **PODER PARA ABRIR FRONTEIRAS** (sim, poder implica propósito!). Ou seja, poder para quê? Todo poder, toda unção liberada por Deus tem um propósito. Leiamos Isaías 61.1:

"O Espírito do Senhor Deus está sobre mim, pois O senhor me ungiu..." Maravilha, mas ungiu com que propósito? **"Para** *pregar boas novas aos mansos; enviou-me a restaurar os contritos de coração, a proclamar liberdade aos cativos, e a abertura de prisão aos presos."*

Ora, porventura, projetos educacionais, culturais, financeiros não trazem, TAMBÉM, liberdade a cativos? Com certeza! Portanto, partindo desse ponto de vista, escrevo no intuito de que tenhamos **poder sim**, e que o busquemos, mas **com propósito**s, com a motivação de ser uma bênção e um abençoador. Vejamos alguns significados da palavra **PODER**, retirados do dicionário Wikipédia.

» **Verbo transitivo direto**; *ou seja, poder transmite a ideia de transitividade, de mudança. Não se deve adquirir ou almejar poder quando pretende-se ficar no mesmo lugar, do mesmo jeito. Poder implica movimento: de ideia, de posição, de mente etc. Não queira poder pela simples vaidade de tê-lo ou por arrogância!*

Poder também significa "**Ter a faculdade ou a**

possibilidade de"; com efeito, poder gera possibilidades, abre fronteiras, gera transitividade. Entretanto, poder também significa "**possuir força física ou moral, ter influência, valimento.**"

Ou seja, eu abro portas, eu gero possibilidades com o poder que Deus liberou sobre mim, desde que seja feito de modo inteligente, responsável. Mas como adquirir força moral? Através de conquistas, e não nos esqueçamos de que muitas conquistas são feitas, também, através de conhecimento.

Abra a **FRONTEIRA DO CONHECIMENTO** em sua vida, esteja aberto a novas leituras, isso te levará a níveis diferentes, é preciso atravessar para saber o que se encontra do outro lado! "*Sai da tua tenda, oh filho meu!*" Tenda, nesse contexto que escrevo, refere-se ao lugar confortável, de comodidade, sem muitos desafios, o qual por medo do desconhecido, muitos querem permanecer. **Mas eu te convido: sai da tua tenda, da tua zona de conforto.** Deus já liberou poder sobre sua vida, cabe a você conhecer, valorizar e usufruir desse poder. Sim, existe uma terra que mana leite e mel, e afirmo que todas as fronteiras para que se chegue nessa terra podem ser abertas!!

CAPÍTULO 2

SAI DA TUA TENDA, Ó FILHO MEU! (ABRA FRONTEIRAS!!)

Quando Deus chamou Abraão a sair, caminhar, seguir, **ABRIR FRONTEIRAS**, estava falando muito além de **fronteiras geográficas**: "**Olhe as estrelas do céu, será que pode contá-las?**" Ele falava de alargar a visão, contemplar a imensidão de Seu plano, tomar posse de todas as bênçãos que já estavam conquistadas. Havia uma imensidão de oportunidades "**fora da tenda!**" E eu te pergunto hoje: você tem ideia da imensidão de oportunidades que existem, que já foram liberadas para sua vida? Sabe? E o que tem feito para alcançá-las? Entenda que **oportunidades** precisam ser **CAVADAS**. Sim, cavadas! Se você não tiver olhos abertos, discernimento para enxergar os poços e disposição para cavá-los, vai passar a vida acreditando que sucesso, prosperidade, vida abundante não é para todos. Aliás, é mais fácil acreditar nisso; assim, tiramos nossa responsabilidade! As crenças limitantes nos levam a ser "eternas vítimas" e nos acovardam. Precisamos assumir isso: somos os responsáveis pelo nosso sucesso. É óbvio que a bênção de Deus e seu favor são o ponto de partida, sem eles não iríamos a lugar nenhum, mas se essa bênção já foi liberada, por que a maioria não alcança o sucesso em seus sonhos e projetos? Não sejamos hipócritas, o desejo de vencer, de ser abundante está em todos nós e é absolutamente saudável! Segue, abaixo, alguns passos importantes, para que você "**saia da tua tenda**":

1) Desejo de crescer, de expandir;

2) Coragem;

3) Fé;

4) Entender quais são as crenças limitantes que te atrapalham e livrar-se delas;

5) Enxergar oportunidades;

6) Cavar poços;

7) Ser resiliente, caminhar na adversidade, se for preciso;

8) Ignorar as vozes desanimadoras;

9) Perseverar;

10) Desejo de ser um abençoador;

11) Estratégias e determinação para transformar sonhos em projetos.

Com efeito, se há em você o desejo de se expandir, já é um começo! Em meus estudos e pesquisas, li sobre relatórios recentes da Psicologia Positiva, os quais apontam que os sentimentos bons são como máquinas condutoras, capazes de liberar energia e alimentar nossos sonhos e projetos; em outras palavras, se você deseja conhecer um outro país, por exemplo, crie imagens de você nesse país e sinta a alegria de estar lá, como se já estivesse. Esse sentimento de realização libera vida! Sim, eu disse **VIDA!** Por que servimos Àquele que *"chama as coisas que não são como se já fossem, e o que ainda não existe como se já existisse."* Portanto, crie imagens em seu cérebro, tudo que você consegue "dar forma", em seu cérebro, você é capaz de realizar! Gaste tempo sentindo a alegria dessas imagens, da realização delas. Saiba que essa alegria, essa sensação de já ter o desejo realizado, mesmo antes de acontecer, são sentimentos poderosos!

NILDO OLIVEIRA

Não nos esqueçamos de que o próprio Deus disse: *"Porque sou eu que conheço os planos que tenho para vocês, diz o Senhor, planos de fazê-los prosperar e não de causar dano, planos de dar a vocês esperança e um futuro."* (Jeremias 29:11)

Sim, o próprio Deus já planejou prosperar sua vida, seus projetos, desde que estejam alinhados com Ele! Renove-se, tenha bom ânimo, levante a cabeça. Ficar se vitimizando não te levará a lugar nenhum! Lembre-se das palavras do apóstolo Paulo: *"Por isso não desanimemos. Embora exteriormente estejamos a desgastar-nos, interiormente estamos sendo renovados dia após dia." (2 Coríntios 4:16).* Existe vida em você, existe uma fonte de vida que jorra sobre você. É tempo de renovar, crescer, brotar, florescer; é tempo de romper, de **abrir fronteiras**!

Lembre-se sempre de que *"Deus não te deu um espírito de medo e covardia, mas de poder, de amor e de equilíbrio." (2 Timóteo 1:7).* E isso inclui poder para abrir todas as fronteiras que você precisa. O poder já está em você! Tenha coragem, arrisque (não no acaso, mas na fé viva que já recebeu!) Não interessa qual é sua idade, quanto tempo você já perdeu. Nosso Deus restitui!

Eu não estou dizendo a você que é fácil, que há impossibilidades de se ouvir um **NÃO**. Os **"nãos"** existem, mas isso pode ser um impulso para perseverarmos; ou você acredita que todas as pessoas bem-sucedidas sempre ouviram um **SIM** em todas as tentativas? É óbvio que isso é uma ilusão. O seu comportamento diante dos **"NÃOS"** é que fará toda a diferença.

Antes de discorrer sobre minha história de vida, alinhada a todas as teorias que aqui escrevo, gostaria de dedicar o final desse capítulo às crenças limitantes, pois é de suma importância que haja uma compreensão mais clara a respeito desse assunto.

PODER PARA ABRIR FRONTEIRAS

Essas crenças são barreiras na nossa mente, derrubá-las é imprescindível, pois tudo começa em sua mente. Ao estudar sobre Coaching, encontrei algumas definições coerentes ao tema desse livro, dentre elas destaco duas, pois alinham-se às minhas ideias. São do ICD (Instituto de Coaching e Desenvolvimento):

"Todo indivíduo pode se tornar quem ele quiser através de seu potencial infinito, que, se usado plenamente, promove resultados extraordinários em todos os aspectos de sua vida, seja pessoal ou profissional.

Mesmo com essa força realizadora inerente, a maioria das pessoas não conseguem acessá-la, devendo-se principalmente pela falta de autoconhecimento."

Veja bem, existe um potencial infinito, uma força realizadora nata em todo ser humano. Isso é espetacular! Porém, a maioria das pessoas não consegue acessar essa força por falta de autoconhecimento. Vamos começar a nos conhecer melhor? Vamos descobrir o que são crenças limitantes e quais são aquelas que nós cultivamos inconscientemente?

Crenças limitantes são resultado de influências, bem como interpretações negativas das experiências que vivemos, como se fossem um "molde". Ou seja, no momento em que nos identificamos com uma situação ou modelo, nosso comportamento e nossas decisões sofrem, inconscientemente, influência daquele padrão, bloqueando a mudança de paradigmas. Com isso, ainda que imaginemos estar presenciando a realidade "nua e crua", ela é, na verdade, constituída através do sistema de crenças e valores. Em outros termos, percebemos a realidade através das informações que obtivemos durante toda nossa jornada de vida.

O Instituto FTB Brasil afirma que *"Crenças limitantes*

são pensamentos, interpretações que você toma pra você como verdadeiros, mas que no fundo são falsas ou pelo menos não são verdades absolutas, e que impedem a sua vida de se tornar melhor."

Ou seja, sua mente foi sendo formada no decorrer de sua vida e tudo o que você ouviu foi ficando registrado, quer você tenha consciência disso ou não. Se você cresceu ouvindo que "deve conformar com o que tem"; que "dinheiro nos afasta de Deus"; que a "riqueza é egoísta" etc., isso ficou impregnado em seu cérebro e, muito provavelmente tem atrapalhado o seu rompimento. Portanto, tenha a iniciativa de detectar as crenças que te limitam, anote todas elas e comece a reprogramar seu cérebro. Sim, isso é possível e necessário! Hoje, como pastor, palestrante e Coach, recorro sempre a novos conhecimentos e, apesar de ainda não ter me aprofundado, achei bastante válido esse enfoque da Neurolinguística. Ainda sobre esse assunto, gostaria de narrar uma experiência de um outro conhecimento que adquiri e ainda estudo, pois considero-me um vendedor nato, porém sempre aberto a aprender mais! Pois bem, em um curso de Marketing, com foco em alargar meus conhecimentos sobre "visão", ouvi uma história bem interessante, que me marcou, pois identifiquei-me com ela. A história diz:

Havia uma marca de calçados que começou a crescer, prosperar e expandir. Os donos eram ousados e sempre ampliavam território, abriam fronteiras. Tiveram a ideia de enviar dois vendedores para "espiar" uma nova terra, na qual a maioria dos moradores eram índios. Os dois vendedores voltaram e reuniram-se com os donos para dar o relatório da nova fronteira. **O primeiro** estava extremamente desanimado e relatou ser uma loucura quererem implantar negócios naquela terra, pois lá era habitado em sua maioria por índios e eles não usam sapatos. O

segundo entrou animadíssimo na sala dos proprietários e disse para irem urgente para a nova terra, pois lá havia muitos índios descalços que ainda não aprenderam a usar um calçado (que poderia ser adaptado!)

O que você vê? Onde está seu foco ao cavar oportunidades? Você tem visto mais possibilidades ou empecilhos? Com certeza, o primeiro vendedor tem uma mente formada cheia de crenças que o limitam. A boa notícia é que, além de poder serem detectadas, elas podem ser derrubadas. E não apenas isso, podemos substituí-las por crenças fortalecedoras. Vejamos:

Como já discorremos, as crenças são representadas por todas as ideias que você viu, ouviu ou concluiu, as quais acabaram por tornar uma verdade absoluta em sua vida, e todo seu comportamento está, de uma forma ou de outra, sendo influenciado por elas. Por mais assustador que pareça, tudo o que fazemos, a forma como pensamos, sentimos e agimos, é resultado de nossas crenças. Aliás, esse é um ponto a se considerar ao fato de muitas pessoas agirem de formas diferentes em situações idênticas.

Há até quem defina que as crenças são como imãs: caso você cria em uma verdade com veemência ela se torna real. Isso significa que se você crê que a vida é difícil, ela se torna difícil. Tal fato acontece porque existe uma conexão entre você e essa verdade; consequentemente, a vida te trará situações que sejam compatíveis com ela. Sobre esse raciocínio, é bom que estejamos conectados com aquilo que realmente queremos para nossas vidas.

Vamos imaginar que, quando nascemos, somos como folhas em branco. Assim, todos os sentimentos dos pais, inclusive durante a gestação, nos são passados. Resumindo: toda e qualquer experiência vivida, desde a educação recebida, o convívio com a família; enfim, toda e qualquer ideia transmitida pelos avós, pais e mestres, as interpretações individuais e a convivência com os amigos vão preenchendo essa folha com crenças. Enfim, absolutamente todos os estímulos recebidos na primeira infância ficam registrado nessa folha, que por sua vez, tornam-se uma lente com a qual o indivíduo enxerga o mundo.

TIPOS DE CRENÇAS

CRENÇAS HEREDITÁRIAS

É representada por tudo aquilo que o indivíduo ouve e observa em seu ambiente familiar, e frases como "você nunca faz nada direito", "você sempre deixa as coisas pela metade", "você nunca vai conseguir nada na vida", "você não puxou a mim" e "deixa de ser burro" ficam registradas em nosso cérebro para toda a vida. O mesmo vale para a vivência de situações que envolvem desonestidades, discussões e privações por dinheiro, por exemplo.

CRENÇAS SOCIAIS

São as crenças populares impostas pela mídia ou pela sociedade. Alguns exemplos comuns são: "o mundo é perigoso", "dinheiro não traz felicidade" e "o mundo é dos mais espertos".

CRENÇAS PESSOAIS

São as crenças criadas a partir da soma de nossas experiências individuais. Embora elas tenham origem hereditária, tendem a se tornar verdades, devido às experiências no decorrer da vida. Só para citar alguns exemplos, se você foi dispensado, demitido ou reprovado no ano letivo escolar, pode desenvolver a crença de que não é capaz.

EXEMPLOS DE CRENÇAS LIMITANTES

- "Nunca vou conseguir dinheiro suficiente" ou "não tenho dinheiro para nada";
- "Só é possível ganhar dinheiro fazendo coisas erradas";
- "Não tenho tempo para nada";
- "Não sou bom o suficiente";
- "Não sei tudo o que preciso";
- "Não consigo aprender isso";
- "Nunca vou conseguir alcançar meus objetivos ou realizar meus sonhos";
- "Tudo precisa ser perfeito";
- "Não consigo me organizar";
- "Eu não mereço sucesso ou coisas boas";
- "Não sei como resolver esse problema";
- "Eu não posso / não consigo / não sei fazer isso";
- "Sou muito velho para isso";
- "É melhor dar do que receber";

- "Sem trabalho duro não se consegue nada";
- "Os outros precisam mudar para minha vida melhorar";
- "Estou destinado a essa vida e a ser desse jeito porque essa é a situação da minha família e por isso, é a minha";
- "O mundo está em crise, e por isso tudo está muito difícil para mim";
- "Não tenho jeito para isso";

Ao contrário das crenças limitantes, existem, felizmente, as fortalecedoras e devemos batalhar para adquiri-las; como já disse, através de uma reprogramação mental. Além de adquiri-las, devemos desenvolvê-las e adotá-las para nossa vida, com o intuito de desbloquear barreiras na mente que nos impedem de abrir fronteiras em todas áreas de nossas vidas.

Para que aprofundemos um pouco mais sobre esse assunto, leiamos parte de um artigo de Suzy Fleury, sobre *"CRENÇAS FORTALECEDORAS: O COMBUSTÍVEL PARA NOSSAS REALIZAÇÕES.*" O próprio título já me chamou a atenção, pois é isso que falo, é isso que acredito, precisamos de combustíveis: fé, perseverança, persistência, resiliência e, por que não, crenças fortalecedoras? Conforme você verá na conclusão dessa obra, estar aberto a novos conhecimentos, nunca achar que já sabe tudo, são características dos bem-sucedidos! Leiamos:

> *"Imagine que você tem uma meta muito bem definida, com todos os pormenores estabelecidos. Você sabe o que quer, porque quer, quanto quer, quando quer, como quer. Você é um expert nesta meta. E mais: você tem uma estratégia incrível planejada. Sabe quais ações estratégicas executar."*

PODER PARA ABRIR FRONTEIRAS

Interessante ponto de partida, pois, sem metas, sem saber o que queremos e para onde vamos, tendemos a ficar dando voltas no mesmo lugar, enquanto uma vasta possibilidade de oportunidades nos aguarda. Excelente, porém, o que nem todos sabem, é que tão importante quanto isso, é ter a força mental para atravessar todas as fronteiras necessárias para se chegar onde quer. Exatamente aí entra a importância das crenças fortalecedoras, elas serão nossas aliadas, nosso combustível para permanecermos seguindo rumo a nossas metas.

Portanto, mantenha-se concentrado, não desista de seus alvos, só porque alguns obstáculos se mostram presentes. Mantenha a fé, pense positivamente e, principalmente, acredite. Acreditar é mais do que pensar positivo, é ter certezas. Certeza do sucesso, certeza da conquista, das novas fronteiras que te levarão à vitória. Lembremos do que diz o renomado head hunter Robert Wong, em seu livro *O Sucesso Está no Equilíbrio:*

"*Quando você tem certeza, emite energia positiva que se traduz em ondas harmônicas. O universo acolhe essas ondas e conspira a seu favor.*"

Eis um exemplo de formidável crença fortalecedora, você concorda?

Gaste tempo lendo ou mesmo conversando com pessoas de sucesso e descubra quais são suas crenças fortalecedoras. Aproveite algumas delas para você. Crie crenças que te favoreçam também! Conforme já disse, novo conhecimentos são importantíssimos para que cresçamos, portanto, não vejo nada de errado em adotarmos as crenças que deram certo para os outros.

ALGUNS EXEMPLOS DE CRENÇAS FORTALECEDORAS: GRANDES MENTES!

"A mente que se abre numa nova ideia, jamais voltará ao seu tamanho original." Albert Einstein

"O sucesso é a soma de pequenos esforços, repetidos dia sim, e no outro dia também." Robert Colfier

"Me interessa o futuro porque é aonde vou passar o resto da minha vida." Woody Allen

"Transforme as penas que você tropeça nas pedras de sua escada." Sócrates

"A vida bem preenchida torna-se longa." Leonardo da Vinci

"Mesmo as noites totalmente sem estrelas podem anunciar a aurora de uma grande realização." Martin Luter King

"O lugar que ocupamos é menos importante do que aquele para o qual nos dirigimos." Leon Toístói

CAPÍTULO 3

NÃO CRIE BARREIRAS NAS FRONTEIRAS!!!

A beleza e o desafio das fronteiras!

Vou iniciar esse capítulo narrando uma parte importante da história de minha vida. Eu sempre fui um grande observador; e as fronteiras, mesmo que eu não tivesse consciência, sempre me fascinaram!

Nos capítulos seguintes, os pormenores virão; por agora, quero ressaltar uma viagem que fiz (ao morar em Portugal) para a Espanha. Ao sair de Portugal e entrar em Badajoz, na Espanha, comecei a refletir sobre aquela **FRONTEIRA GEOGRÁFICA**.

Tão precisa, tão bonita! No entanto, imaginei, para que essa precisão da fronteira acontecesse, provavelmente houve guerras, cada país queria demarcar seu território. E o mais curioso, existe toda uma influência cultural. Portanto, entenda que conhecer outro país também significa abrir-se a uma nova cultura. Todo lugar tem sua **IDENTIDADE CULTURAL**, suas raízes, suas leis, seus costumes, sua história; e você só pode ser bem-sucedido em outro país se aprender a respeitar isso; ou seja, existe, além da **FRONTEIRA GEOGRÁFICA, A FRONTEIRA LINGUÍSTICA, A CULTURAL e a FINANCEIRA**; esta última, porque você precisará abrir fontes novas para prosperar na nova terra, que podem ou não, estar relacionadas com o que você fazia em seu país de origem.

Badajoz faz parte da região da Extremadura, na Espanha. Ela faz fronteira com Portugal e devido à sua localização, várias culturas diferentes passaram pela cidade, ao longo da história espanhola. Veja só que riqueza: um lugar onde várias culturas diferentes passaram, um lugar multicultural. Sim, existem lugares multiculturais e, caso você tenha dificuldade em aceitar culturas diferentes, ideias diferentes, comidas, diferentes, aconselho-te à abrir sua mente, a entender e respeitar a Identidade Cultural de diferentes povos! Esse passo é um dos primeiros e pode te levar mais longe. Pessoas que chegam em outros países querendo impor ou limitando-se aos seus costumes e cultura de origem, tendem a não romper.

Voltando à minha reflexão e fascinação daquele instante, pensei em como somos gratos aos portugueses, o quanto deles herdamos: língua, costumes, etc., e, principalmente, esse espírito desbravador! Sim, herdamos. Pensa na bravura desse povo que descobriu o Brasil e na forma que governaram as Capitanias Hereditárias.

Veja bem, meu foco não é discutir até que ponto a colonização nos beneficiou ou algo desse tipo, meu olhar naquele momento foi exatamente o de nossa herança portuguesa, de desbravar e na precisão daquela fronteira. Só havia uma fronteira, nada mais, era só atravessar!

Entretanto, quantas barreiras criamos no percurso de nossa vida; onde só existem fronteiras, criamos barreiras! As fronteiras existes, foram criadas, precisam apenas ser atravessadas, mas barreiras nos bloqueiam, nos impedem de seguir adiante. Perceba: há uma diferença entre fronteira e barreira. Primeiro, perceba quanta história há por trás de uma fronteira, de uma cidade de fronteira. O texto a seguir é da **Wikipédia** e foi inserido aqui com o intuito de levar o leitor a entender a riqueza histórica e cultural existente em cada lugar e conhecer um pouco desse lugar também, afinal estamos falando de atravessar fronteiras e, quanto mais informações alguém que irá viajar para outros países obtiver dos futuros lugares a serem visitados, melhor. Se você pretende desbravar novas terras, **ATRAVESSAR FRONTEIRAS GEOGRÁFICAS E CULTURAIS**, precisa ter consciência plena disso!

*"**Badajoz** é uma cidade e município raiano da Espanha na província homónima, da qual é capital. Faz parte da comunidade da Estremadura e da comarca da Terra de Badajoz. Tem 1 470 km quadrados de área e em 2016 tinha 149 946 habitantes (densidade:102 hab./km²), que representa aproximadamente 20% da população da província e 7% da Estremadura.*

*Batizada pelos seus fundadores muçulmanos **Batalyaws**, a sua designação em português vernáculo era **Badalhouce** até ao período da dinastia filipina, um termo que persiste ainda hoje em galego. Além de ser a maior cidade da Estremadura, é também o principal centro económico da região. Situa-se a um par de quilómetros da fronteira com a cidade portuguesa de Elvas, à beira do rio Guadiana, um dos rios mais importantes da Península Ibérica, que atravessa a cidade de leste para oeste, virando em seguida para sul. Apesar da dimensão do município ser bastante menor do que no passado, Badajoz é o terceiro maior município de Espanha em área, a seguir a Cáceres e Lorca.)*

A cidade foi fundada em 892 por Ibne Maruane, durante a ocupação muçulmana da Península Ibérica, num local habitado desde os tempos pré-históricos mais remotos e sobre um povoado visigodo já então desaparecido ou pelo menos muito degradado, no cimo de uma das duas colinas que dominam a cidade: o Cabeço da Muela ou o Cabeço do Montúrio. *Em frente, na margem direita do Guadiana, situam-se as Cuestas (encostas) de Orinaza ou Cerro de San Cristóbal, também conhecidas antigamente como Baxernal ou Baxarnal. A fundação da cidade é comemorada pelos seus habitantes, denominados pacenses, na festa Almossasa Batalyaws, realizada em finais de setembro."* **(Wikipédia)**

Aqui vai um conselho: pegue informações, fotos, pontos turísticos dos lugares onde você quer conhecer, estudar ou morar e imagine-se lá; crie imagens detalhadas. Você quer ir para Londres? Imagine a estação do ano: primavera, verão, outono ou inverno; imagine a roupa adequada a essa estação, os meios de transporte, imagine tudo, crie imagens em seu cérebro, todos os dias; e não se esqueça de alimentar seu sonho com esse sentimento bom quando se imaginar lá e, principalmente, a dar passos em direção à realização dele!

Mais uma vez, oportunamente, quero destacar **uma fase de minha vida**, na qual eu fui persistente, eu declarei, eu sonhei, eu tive atitudes que me levassem a abrir fronteiras. **São atitudes** que, para alguns, podem ser irrelevantes, mas, acredite, **fizeram diferença** para mim e farão para você:

Quando vivia em Belo horizonte, já estabilizado financeiramente, com meu próprio negócio, prosperando, eu queria mais; eu não me conformei. O desejo e o sonho de atravessar fronteira geográfica, de conhecer um país de língua inglesa era vivo em mim!

Essa narrativa será resumida toda nesse livro, mas aqui, nesse momento de minha vida, quero destacar o fato de eu ir ao aeroporto, sempre que possível, ver os aviões decolarem, e eu declarava: um dia estarei em direção ao meu destino, um dia eu decolo, um dia eu abro essa fronteira! Eu fazia isso inúmeras vezes, era um hábito que eu adquiri rumo ao meu sonho. Que hábito você tem adquirido para fortalecer seu sonho? Sim, hábitos! Saiba que, quanto a isso, os outros vão achar loucura, vão achar ridículo, vão achar perda de tempo. Mas, prossiga; não permita que a opinião alheia seja uma barreira em sua vida. Pessoas determinadas, focadas, decididas parecem loucas aos olhos dos acomodados e incomodados! De que lado você quer ficar? Oportunamente, vejamos algumas definições de **fronteiras**, retiradas do Dicionário Aurélio:

"A fronteira é o limite entre duas partes distintas, por exemplo, dois países, dois estados, dois municípios.

As fronteiras representam muito mais do que uma mera divisão e unificação dos pontos diversos. Elas determinam também a área territorial precisa de um Estado, a sua base física.

As fronteiras podem ser naturais a, geométricas ou arbitrárias; sendo delimitações territoriais e políticas que, através da proteção que garante aos seus estados, representa a autonomia e a soberania desses perante os outros."

FRONTEIRAS E LIMITES

"O termo "fronteira" refere-se a uma região ou faixa, enquanto que o termo "limite" está ligado a uma concepção imaginária. A fronteira é uma faixa do território situada em torno dos limites internacionais.

Os Estados têm uma característica essencial: a soberania,

ou seja, a faculdade de implantar e exercer a sua autoridade da maneira que creiam seja mais conveniente. Para que o exercício da soberania por parte dos Estados não prejudique outras nações, criaram-se limites definidos em porções de terra, água e ar. No ponto preciso e exato em que estes limites chegam ao seu fim é que se pode falar de fronteiras.

As fronteiras, ao contrário do que muitas vezes se crê, não se demarcam unicamente sobre as terras, pois existem diferentes tipos de fronteiras: aéreas, territoriais, fluviais, marítimas e lacustres."

As definições acima citadas referem-se exclusivamente a **fronteiras geográficas ou territoriais**, porém existem várias outras; inclusive a do pensamento. Destacaremos algumas nesse livro, com o intuito de incentivá-lo a seguir adiante, a não temer. **Fronteiras** existem para ser atravessadas!

FRONTEIRA LINGUÍSTICA

Com quatro idiomas oficiais, país se orgulha de ser poliglota e se mantém unido apesar das diferenças culturais internas. Sim, estamos falando da Suíça!

Esse exemplo é apenas para mostrar que qualquer fronteira linguística poder atravessada, desde que seja feito com muito respeito às diferenças e com sacrifício, pois aprender um novo idioma tem seu preço. Levando em conta que o foco do livro é incentivar pessoas a atravessar fronteiras (de diversas formas e em vários contextos da vida), esclareço que esse "atravessar fronteira" aqui, também assume um significado metafórico de "você pode aprender outro idioma!"

Linguisticamente falando, qualquer pessoa está apta a

prender um novo idioma, alguns com menos ou mais facilidade, obviamente que se você vai aprender em seu país de origem, a melhor forma é estudando! Se já estiver no outro país, além de estudar, procure conviver o máximo de tempo com os falantes dessa língua, adquira hábitos comuns entre esse povo, participe de eventos culturais, ouça programas de rádio, assista documentários, entre outros. O que não vale é você morar em outro país, falar sua língua mãe o tempo todo, conviver apenas com pessoas de sua terra e achar que vai aprender! Mude seu comportamento, invista em você, Gaste tempo estudando! Retomando o artigo sobre FRONTEIRA LINGUÍSTICA:

> *"Ao imaginar uma fronteira, o que geralmente vem à cabeça é uma demarcação política - uma linha sólida, quem sabe até um muro, separando duas nações-estados. Essa é uma forma de divisa. Mas existem outras: fronteiras culturais; linguísticas; da mente. E ninguém entende melhor disso que os suíços. Eles contam com uma miscelânea de línguas e culturas que, milagrosamente, se mantêm unidas. E, como tudo no país, funciona perfeitamente (ou quase)."* (Portal R/7)

Eu tenho muito orgulho em dizer, sem arrogância, que hoje sou um intérprete nos púlpitos das várias denominações da Inglaterra, assim como também sou um cidadão europeu; e digo-lhe que vim de família muito simples, vim do campo. Essa conquista foi alcançada com o favor e a graça de Deus, aliados à minha perseverança. Desde menino, ainda trabalhando no campo, eu dizia que iria aprender esse idioma, que iria atravessar fronteiras linguísticas, culturais, migratórias, geográficas. Eu sempre acreditei nisso. Eu sempre declarei isso, e desde cedo, comecei a expandir meu território!

PODER PARA ABRIR FRONTEIRAS

Em Londres, procurei fazer amizades com gente da própria terra; não menosprezando meus conterrâneos, precisamos conviver com pessoas do país onde vamos viver; se ficarmos como um "gueto" dentro da outra nação, não iremos absorver nada!

Aprender uma língua significa também aprender a cultura; língua e sociedade caminham juntas. A língua é falada em grupos, em espaços sociais. Se você se isolar, como irá aprender? Envolva-se nos eventos culturais do país onde você vive, visite bibliotecas, museus, estude um pouco da História desse país, faça tudo para adequar-se aos seus costumes; pois, isso contribui assustadoramente para a aquisição da segunda língua.

Se você ainda está no Brasil, planejando ir para um país de outra língua, repito: estude essa língua, aprenda a administrar seu tempo, a definir prioridades!

Anthony Robbins, em seu livro *Poder sem limites*, fala-nos de uma outra voz, uma outra fronteira linguística: aquela que usamos para falar para nós mesmos! Na primeira parte de seu livro "Modelando a excelência humana", dá ênfase à ação: é ela que produz resultados. Com efeito, toda e qualquer fronteira de nossa vida, para ser aberta, exige de nós ação e chamou-me a atenção a forma que ele conecta a linguística, de forma considerável, à ação: *"A forma pela qual comunicamos a nós mesmos terá influência em nossas ações; Afinal, comunicação também é poder!"* Nesse sentido, ele expõe uma espécie de "Aproximação mental dos objetivos", uma vez que trabalha muito a comunicação interna, além de nos encorajar a expressar "como se já estivéssemos lá".

Cuide bem de sua comunicação interna, do que você realmente diz de si mesmo e para si mesmo. Fale de seus sonhos, de seus objetivos, como se já os tivesse alcançado. Repita sempre a você mesmo: eu sou capaz, eu tenho todas as ferramentas necessárias para alcançar meu sucesso!

ABRINDO UMA FRONTEIRA LINGUÍSTICA COM O PODER DA PALAVRA E OUSADIA: UM TESTEMUNHO VIVO EM LONDRES!

Eu não poderia falar dessa fronteira sem compartilhar um testemunho tremendo, uma experiência real do que me aconteceu em Londres, quando nessa cidade eu havia chegado e ainda falava muito pouco inglês; por isso como a maioria, ficava sempre muito inseguro ao precisar me comunicar. Havia um medo de errar, de não ser entendido; na verdade, quase um pânico que carregamos, quando temos medo de falar. Criamos uma barreira em nosso cérebro, um bloqueio. É tudo tão mais simples: pessoas tentam falar inglês o tempo todo em Londres e nem sempre são entendidas, mas o constrangimento fica na cabeça de quem quer cultivá-lo; pois, por ser uma cidade multicultural, onde há pessoas de toda parte do mundo, é muito natural que isso aconteça!

Mas lá estava eu no ônibus, voltando para casa depois do meu trabalho, e senti um impulso muito grande, uma vontade de falar de Deus, de falar uma mensagem de esperança a uma jovem; porém hesitei, pois meu inglês era mínimo e ela também poderia não querer me ouvir, pois podia não gostar de falar com estrangeiros.

Pelos traços dela, tive a certeza de que não se tratava de uma brasileira, então eu pensei: "vou escrever para ela, em inglês!", mas tentei e não consegui também. E vi que as pessoas estavam descendo do ônibus e eu podia não ter muito tempo mais e, além do mais, estava perto do ponto de eu descer.

Algo falava muito forte em meu coração que eu não podia perder aquela oportunidade; como se eu sentisse a tristeza, a angústia que ela estava sentindo naquele momento.

O intuito da decisão foi imediato: eu escrevi em português mesmo, pois ela poderia recorrer a um tradutor e saber a mensagem. Assim, no último ponto de ônibus, antes de eu descer, entreguei, pois tinha medo de que ela me perguntasse algo e eu não iria saber responder. Portanto, entreguei na hora de descer e saí correndo!

Respirei aliviado: missão cumprida! Porém, ao virar o primeiro quarteirão, percebi uma senhora, uma voz feminina gritando e chorando; para minha surpresa, ela estava falando em português, com um sotaque carregado, misturando algumas palavras com o inglês, mas era a minha língua!

Ela dirigiu-se a mim, imaginando que eu fosse um bruxo ou um adivinhador e as perguntas dela, desesperadas, eram:

"Quem te falou da minha vida?!"

"Quem te falou que eu ia tentar suicídio?"

Naquele momento eu soube que ela tentou tirar a própria vida durante toda a semana que havia passado e estava determinada a não passar daquela noite. Ela havia perdido alguém muito especial e não tinha outro ente familiar no Reino Unido, estava sentindo-se desesperada e sem vontade de viver.

Então, soube que essa jovem é francesa e estudou português na França, antes de ir para Londres, onde trabalhava como enfermeira, nessa época.

O melhor de tudo é que ela sentiu-se confrontada, e ao mesmo tempo maravilhada por tudo que eu havia escrito e aceitou Jesus, fez uma aliança de vida com Ele, ali no meio de uma praça.

A melhor notícia é que ela permanece viva, nos caminhos de Deus, firme na fé, cheia de esperança, 15 anos depois! Essa jovem teve um encontro real com Cristo, desistiu do suicídio e passou a viver uma vida plena com Ele! Mantivemos e mantemos amizade, ela passou a frequentar minha casa e eu pude contemplar essa maravilha!

Por causa dessa experiência, eu nunca mais parei de me comunicar, e passei a falar inglês, limitado, dentro das minhas possibilidades, mas falava! O medo se foi, o bloqueio, a barreira foi derrubada. Eu atravessei a FRONTEIRA LINGUÍSTICA e, desde então, meu aprendizado, minha aquisição da nova língua foi gradativo.

Hoje, com muita alegria e gratidão, tenho fluência nesse idioma, sem nenhuma dificuldade me comunico, ministro, prego, dou palestras, participo de seminários em inglês. Tudo isso porque eu venci o medo, a timidez. Já estive em grandes eventos, inclusive internacionais e, com alegria, sou um abençoador: faço traduções simultâneas também.

Você é capaz de atravessar essa fronteira, só precisa de atitudes, de ação. Você que mora num país de língua inglesa, por exemplo, comece a falar o mínimo que já aprendeu, que seja um simples "bom dia", "por favor", "muito obrigado".

De forma gradativa, vá aumentando seu vocabulário. O que não vale é deixar de falar o que já sabe por medo. O momento é agora: atravesse a fronteira linguística!

PODER PARA ABRIR FRONTEIRAS

FRONTEIRA MIGRATÓRIA (OU FRONTEIRAS E CONTROLE MIGRATÓRIO)

Iniciemos esse parágrafo meditando na palavra de Deus, que diz:

"Do Senhor é a Terra e sua plenitude; o mundo e todos os que nele habitam." (Salmo 24:1)

Sim, ao nosso Deus pertence toda a terra, disso não temos dúvidas e, saber expandir fronteiras, demarcar territórios, ir e vir, cabe a nós!

A primeira coisa que precisamos entender, é que o controle migratório trata-se de algo absolutamente normal, necessário e organizado! Cada "país" ou cada "grupo de países" têm o seu. As barreiras, diferentes das fronteiras, são criadas para barrar as pessoas que tentar migrar fora dos padrões ou das leis.

Portanto, estude um pouco sobre o assunto, adquira o máximo de informações a respeito do controle migratório para onde deseja ir; e não deixe que isso vire uma barreira em sua mente! (Esse assunto será retomado no próximo capítulo, ao falar sobre o a barreira do medo!)

As barreiras, os muros criados entre as fronteiras, são para evitar imigrantes indesejáveis, mas você é um soldado de Cristo, você é um vencedor, você é um Sacerdote Real, a Igreja viva do Senhor na Terra. Coloque sua fé em ação de forma responsável, siga os princípios exigidos e vá em frente. O que não é válido é você sair por aí irresponsavelmente, sem nenhuma informação, sem nenhuma estrutura.

Existem algumas perguntas que são geralmente básicas nos controles imigratórios, e você não precisa "tremer", basta respondê-las com firmeza e segurança. Se souber falar a língua do país onde vai migrar, isso facilita, mas não é uma exigência. Evite também adquirir informações erradas, o famoso "me disseram, que alguém disse que..." esqueça isso, procure fontes seguras! Analisemos:

> "A emigração deveria ser considerada um direito natural da pessoa humana, e como tal inalienável, podendo ir buscar o seu bem-estar onde as condições sejam mais favoráveis; liberdade de emigrar e não de fazer emigrar."
> Scalabrini, 1889.

Como é notável, esse assunto é bem mais abrangente e complexo do que imaginamos. A ideia aqui foi apenas despertá-lo para o fato de que a fronteira migratória não é uma barreira, ela foi criada para ser atravessada!

Veja, a seguir, mais uma reflexão sobre os assunto:

Carmem Lussi; Tuíla Botega; Waleria Barros e Antônio Conceição Paranhos Filho diz:

> "Fronteira é um conceito abrangente que, além da visão geopolítica, cujo significado se restringe a uma linha divisória entre duas ou mais nações, compreende também o espaço social e geográfico fronteiriço e transfronteiriço de interação cultural e socioeconômica onde perpassam diversos fluxos – mercadorias, contrabando, drogas e, como não poderia deixar de ser, pessoas. É também o local de troca, de movimento, onde ocorrem negociações e interações identitárias e sociais. Nesse sentido, a fronteira não se reduz a determinação física, e pensá-la apenas como limite político-administrativo se torna simplista, no sentido de que não abarca a complexidade e multiplicidade de significações que o termo comporta."

PODER PARA ABRIR FRONTEIRAS

Vaja bem, fronteira, conforme já citei, é uma linha divisória entre duas ou mais nações, com o intuito de organizar, definir direitos e deveres desses territórios. Tenhamos mais informações, mais segurança quanto ao nosso direito de ir e vir.

Existem restrições sim em muitos casos, e devemos admitir, até discriminação; porém, isso não pode gerar barreiras em nossa mente. Mesmo que tenhamos recebido NÃOS **(eu recebi sete e não desisti)**, não podemos e nem devemos desistir de nossos sonhos!

Mude a estratégia, mude, se necessário for, o destino, mas não desista! No meu caso, eu mudei os dois: meu sonho era migrar num país de língua inglesa e meu primeiro impulso foi Estados Unidos. Tentei o visto sete vezes! Ouvi sete NÃOS. Eu não desisti, mudei de estratégia, mudei o destino e hoje sou cidadão europeu residente no Reino Unido.

Eu aprendi a usar os obstáculos para criar novos caminhos, aprendi a usar as dificuldades e adversidades para gerar possibilidades, aprendi a cavar poços onde a maioria só via seca! Hoje, como um escritor, repito nessa obra: comece a mover-se, posicione-se e as fronteiras serão abertas!

CAPÍTULO 4

FRONTEIRA FINANCEIRA (DERRUBANDO OS MITOS!)

Entenda Fronteira Financeira como todas as portas que você precisa atravessar para romper-se financeiramente. O sentido é metafórico! No capítulo anterior, falei de crenças limitantes; além de vários outros passos ou princípios importantes para nosso crescimento. Como vimos, vencer as crenças limitantes é indispensável, não só para essa fronteira, mas como para todas aqui citadas! Retomando sobre crenças e padrões, com foco em vida financeira:

Nós fomos criados para seguir padrões. O que é algo bom ou um mecanismo de sobrevivência.

Na verdade, nosso cérebro automatiza tudo que é possível para que possa gastar menos energia e, consequentemente, ficar mais livre para focar naquilo que é realmente importante.

Quando você aprende a dirigir um carro, por exemplo, não precisa mais pensar em cada troca de marchas todas as vezes que vai dar uma volta nele. Basicamente, você se senta, começa a dirigir e pronto; nem percebe a troca das marchas; ou seja, vai no automático.

Aliás, vai uma pergunta pertinente: Já aconteceu de você decidir pegar um caminho diferente para ir ao trabalho e, quando se deu conta, já estava indo pelo caminho antigo?

Se sua resposta foi sim, o que é bem provável, saiba que são as nossas programações...

Com dinheiro funciona da mesma forma. Tudo que pensamos sobre dinheiro e riqueza, geralmente, são aprendizados da infância. Alguns foram adquiridos mesmo antes de aprendermos a falar.

A questão é que isso afeta sua vida financeira, de forma positiva ou negativa.

Se você não chegou ainda no patamar financeiro que gostaria é porque, além de outros fatores, está com a programação errada e negativa sobre dinheiro, provavelmente.

Entenda melhor como essas crenças negativas podem te prejudicar e como fazer para mudar isso.

O INÍCIO DE TUDO

Se você quer mudar os frutos, primeiro tem que trocar as raízes – quando deseja alterar o que está visível, antes deve modificar o que está invisível. (T. Harv Eker)

Tudo que temos ou conquistamos em nossas vidas, seja na área financeira, amorosa ou na saúde, é resultado de coisas que fizemos no passado. Vivemos num mundo de causa e efeito.

Basicamente, nossos resultados são determinados por nossas ações e nossas ações estão pautadas na nossa programação mental.

Se seu pai sempre disse que "dinheiro não traz felicidade" e você continua repetindo isso, por que você vai querer mais dinheiro então? Se é isso que está programado na sua cabeça, será muito difícil que consiga. E o motivo é simples. **O que você pensa determina sua ação!**

Se papaia não te traz felicidade, você não vai comer papaia. Se você não gosta de Jazz, dificilmente vai comprar ingresso pra um show desse estilo. Se você não gosta de comida libanesa, não vai pedir quibe num restaurante.

Entretanto, na maioria das vezes, essas ações são **inconscientes**.

Lembra dos padrões? Eles são inconscientes. São automatizações dos nossos processos mentais.

Caso você tenha uma crença negativa sobre dinheiro, provavelmente não tomará as atitudes que te trazem mais dinheiro. E nem perceberá que está fazendo isso...

Atentemos para algumas crenças que podem estar em sua mente, as mais comuns:

1. DINHEIRO É A RAIZ DE TODO MAL

Esse é praticamente um ditado popular... você certamente já ouviu alguém repetir isso. Biblicamente falando, nem essa frase nem qualquer outra, deve ser interpretada sem observar e estudar o contexto na qual foi escrita!

Linguisticamente falando, a frase, de certa forma, isenta o ser humano da responsabilidade por seus atos e "simplifica" ou "generaliza", sem muita sabedoria, o bem o e o mal: para ser bom, basta não ter dinheiro! Porém sabemos que essa questão não é tão simples assim; e o pior é que por ser uma crença e agir no inconsciente das pessoas, tem causado danos e trazido consequências seríssimas na vida de pessoas, famílias, por gerações!

A forma que usamos ou administramos o dinheiro, a maneira que ganhamos o dinheiro, essas sim podem ser boas ou más!

PODER PARA ABRIR FRONTEIRAS

Dinheiro mesmo é só um pedaço de papel ou um registro eletrônico na sua conta. Você pode fazer um monte de coisas boas ou ruins com ele. A escolha é sua.

Quantas ONGs, quantas pessoas, como Madre Teresa de Calcutá, por exemplo, angariam milhões de dólares em recursos para causas nobres. Com muito dinheiro, elas conseguem fazer o bem.

2. SE VOCÊ NÃO NASCEU RICO, PROVAVELMENTE NUNCA SERÁ RICO

Segundo relatório de 2011 da consultoria *Capgemini*, 16% dos milionários do mundo são herdeiros. Os outros 84% construíram sua fortuna do zero. Sim, eu disse 84% foram os que saíram da pobreza ou da classe média para a fortuna, por conta própria!

Há algo muito relevante sobre isso: se um conseguiu, qualquer outro também pode conseguir.

Porém, considerando que não estamos falando de somente um, há provas contundentes que essa crença não tem o menor fundamento.

3. NÃO POSSO PROSPERAR DEVIDO AO PAÍS/ECONOMIA E SUA INSTABILIDADE

Essa frase tem sido usada constantemente...

A grosso modo, essas crenças buscam culpar alguém ou alguma situação externa pelo insucesso pessoal.

Entretanto, pensemos por outra ótica... será que, quando o país está indo muito bem, são todas as pessoas que ficam mais ricas? É certo que não!

Em suma, se não são todos que ficam mais ricos quando o país está bem, também é verdade que não são todos que ficarão mais pobres quando a economia estiver mal.

Você vê pessoas reclamando quando o país está bem e também vê casos de sucesso, mesmo quando o PIB não está lá essas coisas.

Entenda que a crise é uma coisa que você aceita ou não na sua vida. Procure e você vai encontrar exemplos de empresas e negócios que cresceram como nunca, nos últimos anos, em meio às crises.

4. DINHEIRO NÃO TRAZ FELICIDADE

Esse é a pior de todas! Serve como desculpa pra quem não o tem. E o pior: inconscientemente, cria um certo "orgulho competitivo": eu escolhi ser feliz! Como se quisesse dizer a si mesmo que e ao mundo que não ser rico foi uma escolha inteligente, porque ser feliz é muito mais importante que ser rico.

Não sejamos hipócritas: todos nós já presenciamos pobres felizes e pobres infelizes. Da mesma forma, ricos felizes e ricos infelizes.

Mas o que significa a felicidade?

Apesar de o conceito ser bastante subjetivo, o artigo a seguir merece ser analisado:

Uma pesquisa publicada no *Frontiers In Psychology* entrevistou 2.799 pessoas de 12 países diferentes para entender a definição de felicidade.

No geral, as principais respostas sobre o que mais gera

felicidade foram: relações familiares, relacionamentos sólidos, dentre outros aspectos. Será que o dinheiro pode contribuir com isso? Vejamos:

- Dinheiro ajuda a ter uma boa saúde, através do maior acesso a boa alimentação, práticas de exercícios físicos, melhores atendimentos e tratamentos médicos;

- Dinheiro mantém os relacionamentos amorosos sólidos e duráveis. Sim! Segundo o livro *Os Segredos dos Casais Inteligentes*, do Gustavo Cerbasi, problemas financeiros são o segundo maior motivo de separação no mundo, perdendo apenas para infidelidade.

- Dinheiro permite seus filhos crescerem fortes e positivos através da melhor qualidade de vida e de educação;

- Dinheiro compra a liberdade de você ter o estilo de vida que deseja;

- Dinheiro compra a liberdade para você trabalhar somente com o que gosta;

- Dinheiro compra tempo para você fazer o que quiser com ele.

Esses exemplos te deixaram mais feliz, esclareceram como nem tudo o que pensamos é de forma consciente? Imagino e espero que sim!

5. FICOU RICO PORQUE FEZ ALGO DE ERRADO

Infelizmente, existe uma ideia de demonizar o lucro, como se fosse algo ruim. E essa crença está relacionada à anterior: se o dinheiro não traz felicidade é porque ele foi gerado de forma desonesta, suja. Vamos parar de crer nisso, vamos mudar nossa visão em relação às pessoas prósperas, vamos estudá-las, admirá-las, respeitá-las e abençoá-las! Elas, de um modo geral, têm feito um bem à sociedade. Geram empregos, circulam a moeda, entre outros aspectos.

Veja bem: quando alguém empreende, corre todos os riscos! Por que, ao tornar-se bem-sucedido, muitas vezes, é mal visto? Se ao invés de difamar as pessoas bem sucedidas, começarmos a estudá-las, teremos muito mais lucro também! Não nos esqueçamos de que esses são os maiores criadores de riqueza e empregos no mundo.

Além do que há também uma ponta de inveja... ao invés de entender como a pessoa chegou no topo, muitos duvidam do potencial genuíno por não acreditarem ser possível. Entenda: o fato de parecer impossível para a maioria, não significa que seja a verdade! Alguns acreditam que é possível e vão à luta; arriscam, pagam o preço, trabalham, batalham, é óbvio que o que eles fazem é bem diferente daquilo que a maioria faz.

A primeira diferença é não terem tempo para ficar observando a vida alheia apenas para julgar. Pessoas bem sucedidas não perdem tempo em fofocas, mesquinhez; aliás, é comprovado cientificamente, toda pessoa próspera é generosa! Os milionários já descobriram há muito tempo o segredo de dar, de compartilhar, de abençoar; já entenderam que para ter dinheiro, é preciso ter muita responsabilidade.

PODER PARA ABRIR FRONTEIRAS

GENEROSIDADE E PROSPERIDADE

A palavra do Senhor **AFIRMA:**

"A alma generosa prosperará, e o que regar também será regado. Ao que retém o trigo o povo amaldiçoa, mas bênção haverá sobre a cabeça do que vende." **(Provérbios 11: 25 e 26).**

Exatamente, quem vende um serviço ou um produto, quem empreende, **DE FORMA JUSTA E GENEROSA**, é abençoado! Qual a sua ideia, qual serviço ou produto você pode vender com excelência? O que você gosta de fazer? Aliás, você sabia que quando fazemos o que gostamos, o que amamos, nossa probabilidade de ser bem sucedido aumenta significativamente? Eu comecei de forma muito simples e prosperei. Eu acreditei!

O capítulo a seguir relatará detalhes do início do meu empreendedorismo; simples, sem ostentação. Na verdade, será um assunto em pauta, pois tem atrapalhado muita gente a crescer!

Enfim, há inúmeros milionários e bilionários no mundo que construíram sua fortuna de forma honesta. Aprenda o que eles fizeram e copie.

6. INVESTIMENTO É PRIVILÉGIO EXCLUSIVO DE QUEM TEM DINHEIRO

Caso seja esse seu pensamento, apague agora da sua mente!

A história funciona ao contrário. Primeiro é preciso cuidar do seu dinheiro e investir para depois ficar rico.

Se você endente e decidiu que só vai começar a investir quando tiver muito dinheiro, o que vai te levar então a ter mais dinheiro?

Mesmo que você tenha pouco, comece. O importante é poupar uma parte do que se ganha. E já que estamos falando do inconsciente e suas influências em nossas vidas, saiba: quando eu guardo parte do que ganho, quando invisto, quando dizimo, quando oferto ou abençoo a vida de alguém, eu estou dizendo ao meu inconsciente "eu tenho em abundância!" Isso é comprovado cientificamente, há vários estudiosos da área financeira afirmando isso, dentre eles o Doutor Lair Ribeiro, que é Neurocientista, Nutrólogo, médico, foi professor em Harvad por muitos anos. Eu disse estudiosos! Sim eles existem e têm deixado à nossa disposição, uma vasta e preciosa fonte de pesquisa. O que você tem lido, estudado sobre finanças? Qual o seu referencial? É óbvio que as atitudes são mais importantes, mas o conhecimento da área também pode ajudar muito! Dinheiro não é um acaso na vida das pessoas. Elas tiveram atitudes, padrões, seguiram princípios, investiram, arriscaram, acreditaram, fizeram a diferença!

7. TER MUITO DINHEIRO VAI ME TORNAR MENOS ESPIRITUAL

Mas, afinal o que é ser mais espiritual em sua opinião? Alguns dizem que ajudar o próximo te torna mais espiritual.

Na verdade, observando a história, nos deparamos com muitos líderes religiosos que tiveram essa característica forte. A ideia popular do "Fazer o bem sem olhar a quem" e sem esperar retorno por isso.

Entendamos: conseguimos ajudar mais pessoas com dinheiro ou sem dinheiro? É uma pergunta um pouco óbvia e é proposital!

Um exemplo brilhante que serve como resposta é o *Giving*

Pledge (Compromisso de Doação) encabeçado por Bill Gates e Warren Buffett. Eles conseguiram convencer 40 bilionários até o momento, a doarem mais da metade das suas fortunas, seja em vida ou após a morte.

São bilhões e bilhões de dólares em doações

MUDANDO SUA MENTALIDADE

O PRIMEIRO PASSO PARA MUDAR UMA PROGRAMAÇÃO MENTAL É QUERER MUDAR.

Mas precisa realmente querer muito! Se você só quiser ou se esforçar só um pouco, não gera resultados.

A verdade é que que você aprendeu algumas coisas mesmo antes de falar, pois estava na fase em que só ouvia o que as pessoas falavam. Para surpresa de muitos, esses são os hábitos mais fortes... os mais difíceis de serem largados.

No entanto, é possível abandoná-los e substituí-los, desde que haja bastante vontade e trabalho. Se estiver disposto a realmente ter abundância em sua vida, **esses são os passos para mudar uma crença limitante**:

1) IDENTIFICAR AS CRENÇAS LIMITANTES:

O primeiro passo é ter consciência de quais crenças estão em sua programação mental.

Pegue agora uma folha de papel e comece a escrever tudo. Com honestidade, liste tudo de negativo que você costuma pensar ou falar sobre dinheiro, riqueza e pessoas ricas. Faça isso com muita seriedade, busque em sua memória tudo o que estiver "enraizado", de forma negativa, sobre riquezas.

Conscientizar significa ter total clareza de como seus pensamentos afetam as suas ações. Isso é muito importante porque, muitas vezes agimos de forma robotizada, automática. Porém, estando realmente presentes e conscientes, temos a possibilidade de perceber e mudar os diretrizes da nossa vida.

2) SUBSTITUIR POR UMA CRENÇA FORTALECEDORA:

Agora que você identificou as Crenças Limitantes, comece a se policiar.

Caso pense ou repita alguma **Crença Limitante**, substitua imediatamente por uma **Crença Fortalecedora Positiva**.

Só para citar um exemplo, caso você pense que "não dá pra ficar rico com a economia do jeito que está", substitua tão logo possível por "vou ficar rico, independente de como está a economia".

Aos poucos, seu cérebro será reprogramado. Essa técnica tem embasamento na Neurolinguística, é chamada de **PNL** (Programação Neuro Linguística).

RENOVE SUA MENTE!

Tome muito cuidado com o que você pensa, pois isso irá determinar suas atitudes e, por consequência, os resultados que obtém na vida.

Sem sombra de dúvidas, vivemos num mundo de causa e efeito. Você está colhendo hoje o que foi plantado ontem. Se quer colher frutos novos, plante sementes diferentes. Não espere resultados diferentes se você continuar fazendo exatamente as mesmas coisas e pensando da mesma forma.

A verdadeira mudança é de dentro pra fora, começa em sua mente. Pessoas abundantes têm mentes abundantes! Seja generoso, seja abençoador, declare palavras de ânimo, de alegria, de sucesso, para sua vida e para a de todos com quem convive. Evite a murmuração, ela gera péssimos frutos. Evite ficar se sentindo a vítima em tudo, assuma a responsabilidade de seus fracassos. Recomece, conclua, persevere, planeje! Fracassar não é o maior problema, e sim, render-se ao fracasso, você **NUNCA** deve desistir por causa dele. Existe um **caminho na adversidade** e vamos falar mais detalhadamente sobre ele no capítulo a seguir.

Caso, de certa forma, parte das **crenças limitantes** já descritas aqui tenham sido ditas à você, por seus pais, avós, amigos, professores, líderes; é possível que elas estejam te bloqueando, limitando. Portanto, **jogue-as fora** e reprograme sua mente. Isso não irá desonrá-los, eles também fizeram na ignorância, porque também foi o que eles ouviram! A sua prosperidade irá alegrá-los, honrá-los mais ainda!

Sempre que aparecer uma crença limitante em seus pensamentos, substitua por uma crença fortalecedora oposta.

Não se esqueça disso, pois é muito importante. Na verdade, isso irá treinar seu cérebro, dia após dia.

Entenda que para mudar uma programação mental, faz-se

necessário muita vontade e atenção. Seja vigilante, nossa mente quer nos manter em nossa zona de conforto. A mudança é algo que ele não gosta. Seja forte e persistente!

Lembre-se que não há nada de errado em ser rico. Pense no estilo de vida que deseja pra você e pra sua família. A prosperidade é uma bênção, uma dádiva de Deus, existem **"tesouros escondidos"** nessa Terra, precisamos cavá-los. Tenha uma mente abundante, criativa, crie suas oportunidades. Você tem a mente de Deus! A possibilidade de ideias em sua mente é infinita. O que você tem é o suficiente para começar sim, porque há vida em ti. Há uma fonte inesgotável que jorra sobre sua vida, e se o seu desejo é ser próspero, para ser uma bênção e um abençoador, não há nada de errado nisso!

A Bíblia diz que **"Os tesouros do Senhor"** são para os que o buscam. Obviamente que essa palavra não diz respeito apenas a riquezas financeiras, mas elas podem ser incluídas sim! Aliás, vamos parar de associar espiritualidade com o desejo de ser bem sucedido, como se fosse algo negativo. Podemos ter muita espiritualidade e ser abundantes, sem o menor problema!

Com efeito, o simples fato de desenvolver o exercício diário de reprogramar sua mente em relação a suas crenças limitantes sobre dinheiro, já irá deixá-la mais próspera; entretanto, gostaria de compartilhar parte de um texto que tenho estudado sobre o assunto, do portal **First Class**, a respeito de uma aula de **Renato Hirata,** um especialista no assunto. Leiamos:

"Dificilmente vamos encontrar alguém que não queira prosperar. Mas será que todos têm a mente, de fato, voltada para isso? Não se trata apenas de querer ficar rico, para ter uma casa bonita, um carro que impressio-

na, dinheiro para frequentar bons restaurantes e viajar. Desejar, todo mundo deseja".

Ou seja, entre o que eu quero ou desejo e o que realmente tem tomado espaço em minha mente, há uma lacuna. O simples fato de eu querer algo, ou ter consciência plena da necessidade desse algo não significa, NECESSARIAMENTE, que vou conseguir.

Só para citar um exemplo dessa lacuna, vou falar de pessoas fumantes que já têm plena consciência de que o cigarro pode matá-las, já entenderam que precisam e que o melhor a fazer é abandonar o vício; porém não conseguem! Ou seja, colocar o cérebro para trabalhar em função de uma meta e ter isso como objetivo de vida, no entanto, é bem mais que simplesmente ter vontade.

Eu estudei e pesquisei bastante sobre esse assunto e, dentre vários textos ou artigos interessantíssimos, quero ainda destacar o de Renato Hirata. Ele é uma de minhas referências no momento, além de vários outros. É especialista em negociação e desenvolvimento de profissionais. Em um de seus estudos, ele fala sobre como desenvolver uma mentalidade voltada para a prosperidade. Com base no conceito de *Prosper Mind Intelligence*, e destaca alguns **Ps** da Mente Próspera, dos quais acrescenta mais ênfase a um; aquele sobre o qual se debruçou com mais profundidade: **Paixão**.

Sim, a paixão, o amor pelo que se faz gera um efeito assustador em nossa vida profissional e financeira! Acredite, se você não ama, não tem motivação, paixão pelo que faz, não será de forma alguma convincente, não conquistará a confiança exigida no mercado!

Leia com atenção as "descrições" dos **Ps**

"Paixão

Trata-se de mover-se em busca de um objetivo, antes de tudo, por prazer. Mas é mais que isso. "Fazer um negócio para gerar dinheiro não é difícil. Mas criar um que faça as pessoas se apaixonarem por ele, que torne o cliente um escudeiro fiel da sua marca, não é algo simples", afirma o especialista. Hirata destaca que o fator paixão tem a ver com a capacidade de aliar a sutileza do amor por um projeto ao impulso motivador que move os empreendedores em seus primeiros passos."

Esse ponto de vista está totalmente alinhado com o meu, o qual será mais detalhado, juntamente com alguns testemunhos, na conclusão desse livro.

"Promessa

De acordo com o especialista, esse fator precisar estar diretamente vinculado ao que citamos acima, "paixão". Ele destaca que muitos empreendedores têm grandes sonhos, mas não se dispõem a enfrentar as dificuldades, lidar com crises e correr o risco de serem chamados de loucos. Com uma promessa, um empreendedor apaixonado por seu projeto tem muito mais chances de se manter firme diante dos obstáculos. Esse P, então, diz respeito ao compromisso assumido consigo de atingir determinado objetivo.

Propósito

Se a promessa é aonde se quer chegar, o propósito é o porquê. Para que criar um negócio? Qual impacto ele vai gerar na sua vida? Você vai dedicar horas e mais horas do seu dia a um projeto movido por quais sentimentos?

Protagonista

Esse P diz respeito ao seu eu, a quem é você de verdade. "Quando você ouve um empresário de sucesso, ele é o que gostaria de ser, não o que a sociedade quer ou as pessoas acham que ele deveria ser. Aceite-se. Se você não se aceitar, você não vai saber o verdadeiro potencial que tem", afirma Renato Hirata.

Paradoxo

Esse fator está relacionado à capacidade de colocar em confronto duas variáveis contrárias e tirar proveito disso. Hirata exemplifica com a crise. Quem pensa de maneira comum, a vê como um momento de dificuldade. Quem pensa de maneira paradoxal, a vê como oportunidade. O paradoxo, então, é isso. A mente próspera vai buscar oportunidades onde pouca gente enxerga, afirma."

Retomando, lembra-se do que abordei sobre projetar? Pois bem, aqui está mais uma confirmação! Quando saímos do sonho e partimos para o projeto desse sonho, temos metas, sabemos ou planejamos onde chegar, temos a clareza do propósito do projeto, sabemos qual a justificativa da existência dele. Portanto, com toda sua paixão, com muito propósito e mesmo que haja paradoxo, seja o protagonista de sua vida, assuma as rédeas, você pode!

CAPÍTULO 5

UMA BARREIRA CHAMADA MEDO

Quero começar esse capítulo com um texto bíblico que tenho estudado, meditado, pregado, porque foi através dele que tive muita revelação sobre medo e barreiras. Essa palavra é poderosa e libertadora, o significado dela é muito além do que as pessoas imaginam! Leiamos:

> Logo em seguida, Jesus insistiu com os discípulos para que entrassem no barco e fossem adiante dele para o outro lado, enquanto ele despedia a multidão. Tendo despedido a multidão, subiu sozinho a um monte para orar. Ao anoitecer, ele estava ali sozinho, mas o barco já estava a considerável distância da terra, fustigado pelas ondas, porque o vento soprava contra ele. Alta madrugada, Jesus dirigiu-se a eles, andando sobre o mar. Quando o viram andando sobre o mar, ficaram aterrorizados e disseram: "É um fantasma!" E gritaram de medo. Mas Jesus imediatamente lhes disse: "Coragem! Sou eu. Não tenham medo!" "Senhor", disse Pedro, "se és tu, manda-me ir ao teu encontro por sobre as águas". "Venha", respondeu ele. Então Pedro saiu do barco, andou sobre a água e foi na direção de Jesus. Mas, sentindo o vento forte, ficou com medo e, começando a afundar, gritou: "Senhor, salva-me!" Imediatamente Jesus estendeu a mão e o segurou. E disse: "Homem de pequena fé, porque você duvidou? "Quando entraram no barco, o vento cessou. Então os que estavam no barco o adoraram, dizendo: "Verdadeiramente tu és o Filho de Deus! (Mateus 14:22-33)

Note-se que Pedro venceu o primeiro medo, ele saiu do

barco, ele se lançou! O primeiro vento era um vento "contrário", que não o intimidou. Na verdade, o que o intimidou foi o vento forte. Ele caminhou sobre as águas! O vento da "aproximação", esse quis parar Pedro, ele já estava perto do mestre e o medo fez com que ele COMEÇASSE a afundar. Ele teve uma atitude imediatamente, não esperou que se afundasse por inteiro. Ele gritou por ajuda ao Senhor que, IMEDIATAMENTE, o socorreu! Ele teve a atitude de voltar a clamar, de lembrar de onde ele saiu e de quem estava próximo dele. Pedro estava vivendo o que ninguém nunca viveu, assim como nós fomos chamados para viver o que ninguém nunca viveu em nossa geração!

Pedro não pediu a Jesus que acalmasse a tempestade, ele apenas disse: "Se és mesmo Tu, manda-me ir ter contigo." Você precisa ir, precisa prosseguir, atravessar as tempestades, os ventos contrários. Você precisa enfrentar o medo, em todas as áreas de sua vida. O medo do desconhecido é um dos maiores em todos nós: por isso a maioria fica estagnada, pelo medo do desconhecido; o novo lugar, o novo emprego, o negócio próprio, a nova língua. Enfim, tudo do que é novo tende a nos intimidar.

ATRAVESSAR FRONTEIRAS SIGNIFICA CHEGAR DO OUTRO LADO!

É simples assim! E isso é em qualquer área de sua vida. O poder para atravessá-las já foi liberado sobre você! Comece pela sua mente, quais são as barreiras que o medo criou nela?

Você tem a mente de Cristo. Mude sua mente, sua forma de encarar os problemas, as barreiras, as fronteiras. Essa certeza absoluta que você espera, ou essa segurança total, para abrir fronteiras não existe. Existe fé, convicção, paixão, expectativa, perseverança, atitude, foco. Não se apegue a essa certeza absoluta em todas as mudanças de sua vida. O outro lado você nem conhece, por que já te causa medo?

Preste atenção, para viver uma vida extraordinária, você precisa enfrentar o medo. As pessoas bem sucedidas também tiveram seus medos, seus riscos, suas incertezas; a grande diferença é que elas tiveram atitudes e seguiram adiante!

Todas as vezes que **"andamos sobre as águas"**, que lançamo-nos, que saímos da **zona de conforto** para um novo nível, o desconforto é inevitável! Assim como a sensação de risco, é ter certeza e fé naquilo que não se pode ver mesmo! Afinal, o que é fé?

"Ora, a fé é o firme fundamento das coisas que se esperam, e a prova das coisas que se não veem. Porque por ela os antigos alcançaram testemunho. Pela fé entendemos que os mundos pela palavra de Deus foram criados; de maneira que aquilo que se vê não foi feito do que é aparente. Pela fé Abel ofereceu a Deus maior sacrifício do que Caim, pelo qual alcançou testemunho de que era justo, dando Deus testemunho dos seus dons, e por ela, depois de morto, ainda fala. Pela fé Enoque foi trasladado para não ver a morte, e não foi achado, porque Deus o trasladara; visto como antes da sua trasladação alcançou testemunho de que agradara a Deus. Ora, sem fé é impossível agradar-lhe; porque é necessário que aquele que se aproxima de Deus creia que ele existe, e que é galardoador dos que o buscam. Pela fé Noé, divinamente avisado das coisas que ainda não se viam, temeu e, para salvação da sua família, preparou a arca, pela qual

condenou o mundo, e foi feito herdeiro da justiça que é segundo a fé. Pela fé Abraão, sendo chamado, obedeceu, indo para um lugar que havia de receber por herança; e saiu, sem saber para onde ia." (Hebreus 11:1-8)

A fé precisa ser firme! Tenha fé no seu potencial, nos seus sonhos, nas suas expectativas, nos seus projetos! Os medos transformam-se em barreiras desnecessárias em nossas vidas, e tem barrado muitos sonhos, muito projetos. Quais são seus medos? O que tem te impedido de abrir fronteiras? Vou falar sobre alguns exemplos de medos que, infelizmente, têm bloqueado o futuro e o sonho de muitas pessoas. Caso identifique alguma situação ou área de sua vida com algum deles, jogue-o para bem longe. Jamais se esqueça de que:

"Porque Deus não nos deu o espírito de medo, mas de poder, e de amor, e de moderação" (II Timóteo 1:7)

Que nós realmente venhamos a entender, de uma vez por todas que *"Deus não nos deu o espírito de medo"*. Como poderíamos descrever ou, o que é afinal o medo? Digamos que estar com medo é ser tomado de fatores limitadores da alma. Quantos limites, quantas barreiras criamos em nossa mente: as crenças, as fronteiras, o medo! Infelizmente, há muitos tipos de medo, desde o medo de altura até o temor para empreender algo. Medo de voar, de relacionar, de crescer; enfim, a lista é grande! Mas a Palavra de Deus nos revela algo diferente: diz que medo não vem de Deus, logo, vem do maligno. Entre outras consequências o medo limita as promessas em nossa vida.

O medo limita as conquistas. Certa vez Abrão recebeu uma proposta do Senhor:

"E apareceu-o Senhor a Abrão, e disse: À tua descendên-

cia darei esta terra. E edificou ali um altar ao Senhor, que lhe aparecera. E moveu-se dali para a montanha do lado oriental de Betel, e armou a sua tenda, tendo Betel ao ocidente, e Ali ao oriente; e edificou ali um altar ao Senhor, e invocou o nome do Senhor" (Gênesis 12:7-8).

Conforme já lemos no capítulo um e na introdução, ao receber essa promessa Abrão moveu-se, tomou uma atitude para caminhar em direção à conquista. Ele saiu da tenda, atravessou a fronteira! Continuando com mais referências bíblicas, podemos mencionar Moisés, que atravessou uma fronteira carregando um povo, ou seja, ele foi usado por Deus para livrar o povo do cativeiro, para que TODOS ATRAVESSASSEM A FRONTEIRA. Porém, em um momento, ele foi tomado pelo medo e não sabia o que dizer a Faraó. Vejamos:

"Portanto desci para livrá-lo da mão dos egípcios, e para fazê-lo subir daquela terra, a uma terra boa e larga, a uma terra que mana leite e mel; ao lugar do cananeu, e do heteu, e do amorreu, e do perizeu, e do heveu, e do jebuseu" (Êxodo 3:8).

Que palavra tremenda, ele, não só foi chamado para "subir daquela terra", atravessar aquela fronteira, como levar o povo de Deus! Essa é uma das mais belas descrições de travessia de fronteiras já descrita! Sim, Moisés teve medo, mas prosseguiu, e você? Vai prosseguir ou vai para por causa dele?

É necessário entender o preço da promessa.

O povo que estava no deserto precisava alcançar a terra, precisava chegar do outro lado. Porém, havia uma resistência – a terra já era habitada. Mas a vitória não podia ser interrompida por causa do medo. Nunca devemos nos render às resistências, nunca devemos dar mais valor às dificuldades do que à alegria da vitória. Imagine-se lá! Sinta todas as possibilidades do outro lado. Creia, valerá a pena! Posicione-se! ofuscar as vantagens da vitória.

O medo abala a fé e muda o foco. Lembra-se de Pedro, diante do forte vento? Ele pediu ajuda, mas não desistiu, não se deu por vencido, não pediu que Jesus acabasse com a tempestade; antes, pediu para ir ter com Ele! Voltando a Moisés, o povo que antes focava na terra prometida passou a focar os gigantes que ali estavam; mudaram totalmente o foco!

O medo tem feito você mudar o foco? Você tem pensado nas adversidades ou na vitória?

O MEDO DE FRACASSAR (BLOQUEIO E BARREIRA)

Vou começar esse tópico com uma pergunta: **o que você faria ou em que você se lançaria se não houvesse nem uma possibilidade de fracassar?**

Pois bem, a sua resposta é o caminho que deve seguir. Não deixe o medo de fracassar ser uma barreira em sua vida. Aliás, deixo aqui um conselho: gaste tempo estudando a vida, a jornada, a biografia de pessoas prósperas, bem sucedidas.

Esse exercício te incentivará, pois com isso, você irá perceber o quanto esses grandes homens e mulheres sofreram, pagaram um preço, ficaram expostos, foram julgados; mas resistiram e simplesmente prosseguiram.

É muito provável que vários deles fracassaram antes de

se tornarem referência; aliás, você sabe quantas vezes Abraham Lincoln fracassou? Sim, ele fracassou diversas vezes, mas perseverou! Sem perseverança e resiliência, não se consegue vencer! Vejamos uma biografia dele, resumida, que faço questão de registrar nesse livro; retirada do blog de Rosângela Sampaio:

O MAIOR EXEMPLO DE PERSEVERANÇA POLÍTICA

Perseverança, paciência ou persistência são ingredientes indispensáveis em qualquer tipo de empreendimento. Quem desiste não faz história, mas quem persevera escreve a história.

Provavelmente, o maior exemplo de persistência é o de **Abraham Lincoln**. Se você quiser aprender sobre alguém que não desistiu, não procure mais.

Nascido na miséria, Lincoln defrontou-se com a derrota, ao longo de toda a sua vida. Perdeu oito eleições, fracassou duas vezes nos negócios e teve um colapso nervoso. Poderia ter desistido muitas vezes, mas não desistiu e, por não ter desistido, tornou-se um dos maiores presidentes na história dos Estados Unidos.

Lincoln era um vencedor e jamais se entregou. Aqui está um resumo do caminho percorrido por ele até a Casa Branca:

1816 – Sua família foi forçada a sair de sua casa. Ele teve que trabalhar para sustentá-la.

1818 – Sua mãe morreu.

1831 – Fracassou nos negócios.

1832 – Concorreu a deputado estadual e perdeu. Perdeu, também, o emprego. Quis entrar na escola de Direito, mas não conseguiu ser admitido.

1833 – Tomou dinheiro emprestado com um amigo para começar um negócio e um ano depois estava falido. Passou os dezessete anos seguintes de sua vida pagando essa dívida.

1834 – Candidatou-se, novamente, a deputado estadual e ganhou.

1835 – Estava noivo, sua noiva morreu e ele ficou desolado.

1836 – Teve um colapso nervoso e ficou de cama durante seis meses.

1838 – Indicado para porta-voz da Câmara Estadual, foi derrotado.

1840 – Indicado para o Colégio Eleitoral, foi derrotado.

1843 – Candidato ao Congresso, perdeu.

1846 – Candidato ao Congresso, novamente: dessa vez, ganhou. Foi a Washington e fez um bom trabalho.

1848 – Candidato à reeleição para o Congresso, foi derrotado.

1849 – Indicado para o Cartório de Registro de Imóveis em seu Estado, foi rejeitado.

1854 – Candidato ao Senado dos Estados Unidos, perdeu.

1856 – Solicita a indicação para Vice-Presidência na convenção nacional do seu partido: obteve menos de cem votos.

1858 – Candidato ao Senado dos Estados Unidos, novamente perdeu.

1860 – Eleito Presidente dos Estados Unidos.

"O campo da derrota não está povoado de fracassos, mas de homens que tombaram antes de vencer." (Abraham Lincoln)

O MEDO DOS NÃOS

A palavra resiliência já foi mencionada no tópico anterior, porém vamos retomá-la. Resiliência, segundo o site **SIGNIFICADO**, carrega o seguinte sentido:

O QUE É RESILIÊNCIA?

*"Resiliência significa **voltar ao estado normal**, e é um termo oriundo do latim resiliens. Resiliência possui diversos significados para a área da **psicologia, administração, ecologia e física**.*

Resiliência é a capacidade de voltar ao seu estado natural, principalmente após alguma situação crítica e fora do comum."

É percebível que o medo de ouvir um **não** é pura e simplesmente porque já se ouviu vários outros, e devido ao desconforto e frustração que já foram causados, nossa mente bloqueia as oportunidades. É quase um trauma, exatamente pela falta de entendimento de que ouvir **não** é absolutamente normal e faz parte da vida. O que precisa ser bem observado é a forma que essa palavra nos afeta, ainda que em nosso inconsciente.

Nesse sentido, a resiliência tem o poder de nos levar ao estado natural, antes do *não*, para continuarmos a tentar sempre, sem nenhum efeito ou influência das inúmeras vezes que esse vocábulo nos foi dito; em outras palavras, é ser frio o bastante para não se abalar com ela. Ainda que sob pressão, nossa resiliência saberá tomar decisões, seguir adiante. Observemos:

RESILIÊNCIA NA PSICOLOGIA

"Na área da psicologia, a resiliência é a capacidade de uma pessoa lidar com seus próprios problemas, vencer obstáculos e não ceder à pressão, seja qual for a situação."

"A teoria diz que resiliência é a possibilidade do indivíduo de tomar uma decisão quando tem a chance de tomar uma atitude que é correta, e ao mesmo tempo tem medo do que isso possa ocasionar. A resiliência demonstra se uma pessoa sabe ou não funcionar bem sob pressão." (Portal SIGNIFICADO)."

Acredite, há muito mais recursos dentro de você, mais do que se imagina! Prossiga, pare de adiar seus projetos, existe poder na decisão. Exatamente: o simples fato de você decidir-se a seguir adiante já libera poder em seu caminho. Exercite o poder da decisão e do agora. O momento é agora!

NILDO OLIVEIRA

Quero citar um filme que, além de várias outras características, mostram claramente o quanto os obstáculos nos tornam mais fortes, é um exemplo de resiliência: o filme *"Deus não está morto."* Se você já assistiu, reflita e se ainda não o fez, eu sugiro que o faça e preste atenção ao fato de ele focar em como os desafios, sob a ótica da **Psicologia, da Inteligência Emocional e do Coaching**, nos trazem resiliência; como podemos usar nossas crenças e valores como maiores aliados; os **obstáculos nos tornam mais fortes** e a fé é um grande tesouro do qual devemos cuidar e zelar.

Aliados ao medo de fracassar, estão o MEDO DE SE EXPOR, DAS ADVERSIDADES, DO DESCONHECIDO, DE ERRAR, DE NÃO DAR CERTO. É Como se ele fosse uma grande barreira, da qual vão se formando outras barreiras periféricas em nosso cérebro, resultando numa "**cadeia de medos**". Ou seja:

Por medo de fracassar eu não vou me expor, para fugir das adversidades, evitar o desconhecido; assim não corro o risco de errar, de não dar certo. Enfim, todos eles estão interligados ao medo de fracassar; porém, o medo das adversidades merece um destaque, assim como o de se expor e isso será feito nos capítulos a seguir, em um contexto da história da vida de alguém que saiu do campo, da vida simples e modesta, atravessou fronteiras e hoje se estabeleceu no Reino Unido. Sim sou eu, e exatamente porque nunca tive medo de me expor, tenho a ousadia de relatar parte de minha história, para que ela sirva como incentivo à vida de muitos, para que todos esses conceitos e afirmações que aqui menciono sejam ainda mais fortalecidos na mente de cada leitor.

CAPÍTULO 6

VOCÊ ESTÁ NA CAVERNA?
(O MEDO DE SE EXPOR)

O vocábulo **caverna** aqui tem um sentido metafórico (sim, eu gosto de metáforas!) e remete-nos a uma passagem bíblica na qual um grande líder e profeta (que talvez nem tivesse consciência disso), diante de grandes adversidades em um momento de sua vida veio a esconder-se numa caverna; por vergonha, por desânimo, por medo de se expor e por medo de morrer! A parte curiosa nesse comportamento é que, devido à ameaça de morte, ele fugiu para o deserto antes de entrar na caverna. E ali pediu a Deus que tirasse sua vida! Ou seja, fugiu para não morrer, mas também desejou a morte. Muito forte isso! Porém, havia um grande potencial nele e Deus o chamou para fora, pois a preciosa missão a ser cumprida através da vida de Elias ainda não estava completa. Ele precisava vencer esse medo de se expor, precisava voltar a acreditar em si mesmo! Segue o texto, retirado do site **BÍBLIA, versão de atualizada de João Ferreira de almeida:**

> *"E Acabe fez saber a Jezabel tudo quanto Elias havia feito, e como totalmente matara todos os profetas à espada. Então Jezabel mandou um mensageiro a Elias, a dizer-lhe: Assim me façam os deuses, e outro tanto, se der certo amanhã a estas horas não puser a tua vida como a de um deles. O que vendo ele, se levantou e, para escapar com vida, se foi, e chegando a Berseba, que é de Judá, deixou ali o seu servo.*
>
> *Ele, porém, foi ao deserto, caminho de um dia, e foi sentar-se debaixo de um zimbro; e pediu para si a morte, e*

disse: Já basta, ó Senhor; toma agora a minha vida, pois não sou melhor do que meus pais.

E deitou-se, e dormiu debaixo do zimbro; e eis que então um anjo o tocou, e lhe disse: Levanta-te, come.

E olhou, e eis que à sua cabeceira estava um pão cozido sobre as brasas, e uma botija de água; e comeu, e bebeu, e tornou a deitar-se.

E o anjo do Senhor tornou segunda vez, e o tocou, e disse: Levanta-te e come, porque te será muito longo o caminho.

Levantou-se, pois, e comeu e bebeu; e com a força daquela comida caminhou quarenta dias e quarenta noites até Horebe, o monte de Deus.

E ali entrou numa caverna e passou ali a noite; e eis que a palavra do Senhor veio a ele, e lhe disse: Que fazes aqui Elias?

E ele disse: Tenho sido muito zeloso pelo Senhor Deus dos Exércitos, porque os filhos de Israel deixaram a tua aliança, derrubaram os teus altares, e mataram os teus profetas à espada, e só eu fiquei, e buscam a minha vida para a tirarem.

E Deus lhe disse: Sai para fora, e põe-te neste monte perante o Senhor. (I Reis 19:1-11a)

O intuito de trazer essa palavra não é discorrer sobre os diversos pontos de vista teológicos a respeito dela. Porém, alguns aspectos merecem ser considerados, uma vez que estamos falando do medo de se expor, de romper fronteiras.

Primeiro: *"Sai para fora"* nesse contexto é totalmente diferente de *"Sai da sua tenda"* (quando Deus falou com Abraão). Aqui havia uma fronteira a se romper: sair da zona de conforto, expandir, crescer; ao passo que lá (na caverna), era sair do desânimo, da falta de vontade prosseguir com algo já começado, no qual as barreiras e dificuldades geraram um desânimo absoluto e um desejo de morrer em Elias. Onde você está? Na **tenda** ou na **caverna**? A **boa notícia** é que seja qual for o momento de esteja passando ou vivendo, **O PODER PARA ABRIR FRONTEIRAS** em sua vida já foi liberado.

Sai para fora, tome posição, decida! Entenda que posicionar-se é essencial para seguir adiante, essa força está em sua mente, acredite nela. Entenda que os grandes líderes de toda a história, em sua maioria, também tiveram momentos de muito medo, especialmente o medo de se expor, mas eles se posicionaram e prosseguiram, o medo perde a força quando o enfrentamos. Você sabia que quando temos os cães, só para citar um exemplo, liberamos uma química que eles percebem através do cheiro e por isso têm o ímpeto de avançar em nós mais ainda?

Nosso emocional envia mensagens para o universo, para o nosso inconsciente e para os outros ao nosso redor, quer tenhamos consciência ou não. Elias via o problema muito maior do que realmente era. Ele imaginou que estava sozinho, que não havia mais um soldado sequer para guerrear junto com ele; porém isso era uma mentira que o medo fez ele acreditar.

Levante-se, projete seus sonhos, prossiga; não se esconda ou não permaneça escondido na caverna, é preciso coragem para se expor. Com certeza, haverá sempre um grupo de pessoas a criticar aquelas que estão a prosseguir. Elas não merecem nossa atenção! Nosso alvo, nossas metas, nossa missão, são bem mais importantes do que preocupações desnecessárias!

Não gaste seu tempo, suas energias, não desperdice seu foco em pessoas críticas e negativas. Concentre-se naquilo que te fará crescer. Pode ser que haja momentos nos quais você terá que passar sozinho, mas quando eles vierem até você, esteja pronto, capaz, suficiente!

Esteja preparado: pessoas determinadas a seguir adiante, a lutar pelas metas e alvos incomodam muito os "desocupados". Ignore-os! Estar exposto é um ato de coragem, não seja covarde!

CAPÍTULO 7

UMA MÁSCARA CHAMADA OSTENTAÇÃO (OUTRA FORMA DE MANIFESTAR O MEDO DE SE EXPOR)

Estamos vivendo uma época perigosa, em que a maioria das pessoas, distraidamente, vão "seguindo *o fluxo ou a moda*", seja ela qual for. É óbvio que não me refiro à moda em seu sentido restrito, mas aos modismos de comportamento, de atitudes, de estilo de vida, como se fossem "ditados" pela sociedade, "se todos fazem, não vou ficar de fora!"

Cuidado! Não precisamos, necessariamente, "seguir a fluxo da maioria!" Não nos faz nada bem viver como se tudo fosse uma competição acirrada. Já observou como as pessoas bem sucedidas são também desprendidas? Elas já descobriram que viver para agradar os outros ou para suprir as expectativas alheias não coopera para o crescimento próprio. Elas são autênticas, seguras de suas escolhas, indiferentes a críticas levianas.

Na contra mão delas, caminham os que gostam de ostentar, daquelas que fazem tudo para parecer ter ou ser o que na verdade não são; ou quando de fato têm, preocupam-se mais em mostrar, aparecer do viver com dignidade e projetar sua riqueza em projetos de vida mais nobres! Enfim, há os que usam uma "máscara", exatamente para ficarem parecidos com todos os outros que usam essa mesma máscara: a ostentação! O uso das redes sociais intensificam esse comportamento, pois, através delas, fica ainda mais fácil projetar uma imagem, uma aparência da realidade idealizada ou desejada!

A máscara define, acima de tudo, uma **dificuldade de auto aceitação**, uma falta de amor próprio: "eu não me aceito, então me visto do que desejo que as pessoas pensem que sou!"

Preste atenção: você é imagem e semelhança de Deus, você tem a mente de Cristo. **Todos os recursos para te levar ao crescimento e a abundância em todas as áreas de sua vida, assim como todo poder,** já foram liberados. O quanto antes você aprender a se amar, se respeitar, se valorizar, maior as chances de se expandir.

Não estou, em hipótese alguma, levantando a "bandeira" do conformismo, incentivando as pessoas a não almejarem a prosperidade. Muito pelo contrário, podemos e devemos ter uma mente abundante, cultivar crenças abundantes; mas isso não tem nada a ver com ostentação.

Acredite em sua capacidade de empreender, em seus projetos e sonhos, por mais simples que sejam! Tente investir naquilo que te faz feliz, naquilo que você gosta de fazer, mas não negue a si mesmo o seu valor. Esclarecendo, de acordo com a WIKIPÉDIA:

> *A **ostentação** (do latin "ostentare" que significa "mostrar") é o ato de, com muito excesso e orgulho, exibir realizações, posses ou habilidades de si próprio. com vaidade e pompa, bens, direitos ou outra propriedade, normalmente fazendo referência à necessidade de mostrar luxo ou riqueza. O termo também pode contrair conotação positiva como por exemplo, apesar de franzino, o padre ostentava a fama de ser um grande ajudante da sociedade. A ostentação também está ligada ao apego aos bens materiais, o poder.*

O objetivo normalmente é que o alvo sinta uma sensação de satisfação, admiração ou inveja. Como antônimo, pode-se citar discrição, humildade e simplicidade.

Veja bem, o simples fato de ficarmos preocupados demais em exibir, já pode ser uma barreira para o nosso crescimento. O que é ainda pior, há mais pessoas exibindo o que na verdade não têm! Esqueça o exibicionismo, mas seja autêntico, desfrute sim de toda a abundância que você é digno de viver, isso é bênção, mas ocupe-se em ser alguém útil à sociedade, a desenvolver projetos, a cumprir missões. Ser próspero é muito mais do que ter muito dinheiro apenas para se exibir! Que seu alvo não seja esse!

Na verdade, pessoas prósperas são vistas, copiadas, desejadas em todos os lugares, porque conquistaram esse espaço, essa dádiva na vida e isso é muito nobre.

O simples fato de amarmos a nós mesmos e investirmos em nossas ideias (com responsabilidade) já pode fazer muita diferença. Se você não acreditar no seu potencial, nos seus projetos, no seu serviço, no seu produto, quem irá acreditar?

UMA TRAJETÓRIA SEM MÁSCARAS, MAS CHEIA DE PERSEVERANÇA!

No restante desse capítulo quero compartilhar como algumas decisões, como determinados comportamentos fizeram a diferença em minha vida:

Desde criança eu sempre sonhei em romper fronteiras, em conhecer lugares novos, em viver experiências novas. Eu poderia ter ficado só no sonho, ou ter esperado que tudo acontecesse, mas ao invés disso, fui criando oportunidades.

Como já relatei, sou do campo, de uma família humilde, de um lar cheio de muita harmonia e valores preservados e ensinados pelos meus preciosos pais. Entretanto, o desejo deles, especialmente de meu pai, sempre foi que eu e todos os meus irmãos permanecêssemos no campo, com ele, na propriedade da família, de onde era muito possível ter um sustento. Na verdade, muitos desejavam estar em meu lugar, pelo privilégio de ser filho de um, apesar de modesto, (dono de terras).

O esforço de nosso patriarca para que estudássemos foi grande também, e alcancei o que era possível para a época, no campo. E valorizei muito tudo o que aprendi e já declara desde criança: "vou crescer, vou romper, vou conhecer outros países!" **As pessoas riam muito de mim e ridicularizaram meus sonhos. Cuidado! Não conte seus projetos, não abra sua vida para qualquer um.** Meu irmão me apoiava e declara sempre junto comigo: "um dia eu vou estar num avião!" Ele sempre teve dentro de si a consciência do poder para abrir fronteiras.

O melhor de tudo é que, ainda que quisessem me manter por perto, meus pais sempre diziam: "é possível, porém é necessário cavar as oportunidades, lutar pelos sonhos!" isso me motivou mais ainda e, sem desonrá-los, com apenas 15 anos, saí do campo e fui para a capital de Minas Gerais, onde tive meu primeiro emprego fora do campo, do território da família, tornei--me *office boy*. Eu dizia a mim mesmo que iria ter um trabalho no escritório, que ali não era mais meu lugar.

Depois de um ano, com a chance de crescer naquela empresa, eu queria mais, queria ir além, eu já tinha uma visão de empreendedor e o desejo de ter um negócio próprio e decidi vender sanduíches no bairro onde morava. O **HOT DOG** era uma novidade para mim, eu gostava muito, daí minha decisão, intuitivamente, acertei quanto ao fato de que quando fazemos e vendemos o que, nossa probabilidade de prosperar é muito maior!

Meu primeiro negócio: um carrinho de cachorro quente, que também era o segundo do bairro. Fui muito criticado. Retomo aqui o que já foi mencionado no tópico anterior: o exagero em preocupação com as aparências, com o que podem pensar, o **medo de se expor** nunca foi um problema para mim. Alguns tiveram até vergonha de andar comigo no bairro e outros me questionavam: "como você, proprietário de terras, se expõe dessa forma?

Eu já havia atravessado fronteiras e não iria deixar o medo das aparências me bloquear, eu estava decidido! Fui ao único dono desse tipo de negócio do bairro, na época, pegar informações; ele tentou me desanimar, dizendo que era muito trabalhoso, quis me fazer desistir. Na verdade, ele não mentiu ao dizer que daria muito trabalho. Acontece que **tudo o que dá trabalho, que nos tira da posição confortável, pode mudar nossa vida.** Continuei cultivando minhas expectativas e, inteligentemente, quis aprender tudo sobre cachorro quente antes de investir. O concorrente não quis me dar nenhuma informação, nessa época, o acesso a internet era bem mais limitado; então eu ia até ele comer aquele sanduiche durante trinta dias. Observava, experimentava, prestava muita atenção no molho. Depois, treinei bastante em casa e aprendi. As primeiras vendas me deixaram fascinado! Eu consegui vender algo que era meu!

Logo fiquei famoso no bairro, vendia muito bem. Comprei mais um, dois...eu já tinha cinco filiais! Sempre com muita responsabilidade, **com muito amor ao que fazia.** Mais tarde, abri uma grande lanchonete que ficou muito famosa no bairro e era muito bem-sucedido em tudo que colocava as mãos. Eu tornei-me um abençoador, gerando empregos, oferecendo um produto de excelência.

Estava vivendo uma estabilidade financeira, pela decisão de seguir adiante, de não me envergonhar do meu sonho, por mais simples que parecesse! Porém, eu queria muito mais. Não me acomodei, havia em mim o desejo de romper fronteiras geográficas e migratórias. Ouvi vários conselhos contrários; mas havia em mim um espírito de excelência, de desapego, eu não cultivava o medo do risco, o medo de fracassar, eu só queria seguir adiante, rumo a meus sonhos!

E, no meio de tantas **palavras contrárias**, apareceu **um amigo** que **me encorajou**, que viu potencial em mim. Preste muita atenção **nos anjos**, nas **pessoas** que chegam em seu caminho; elas **fazem muita diferença**! Ele seguiu para Portugal e eu continuei sonhando com um país de língua inglesa. Deveria ter estudado inglês, mas ainda não sabia administrar bem o meu tempo.

Tentei o visto americano, foi negado. Eu não desisti, apesar da frustração. Resumindo, depois de vários **nãos,** segui adiante.

Hoje, depois de atravessar todas as fronteiras que descrevo nessa obra, me estabeleci no Reino Unido, onde sou Coach, pastor, palestrante, intérprete, tradutor, escritor e tenho participado de vários congressos nacionais e internacionais. Aquele menino do campo que sonhou, acreditou nos sonhos, foi à luta, cavou oportunidades, descobriu **O Poder para abrir fronteiras!**

Tenho me deparado com pessoas muito apegadas ao diploma, à formação, não veem outra porta, outra forma de romper, mesmo estando em outro país, que não seja suas áreas de formação. Eu agi diferente, **sempre que me apareceu uma oportunidade, eu abracei, mesmo que fossem outras áreas**; automaticamente, meu leque de conhecimento e de oportunidades foi crescendo!

Entenda que **o lugar não é mais importante do que você**. Existe potencial para se sobressair em qualquer lugar do planeta, obviamente que a fronteira da língua precisa ser aberta para facilitar. Você que está vivendo em outro país, não perca oportunidades, pela preocupação com as aparências. Use o que você aprendeu de sua formação e se lance onde houver um poço, uma oportunidade. É incontável o número de pessoas que atuam fora da área de sua formação e rompeu!

Se eu tivesse me apegado a esse detalhe, eu não seria quem sou hoje, não teria o que tenho hoje. Minha formação foi apenas uma porta para eu entrar para o mundo dos negócios: mercado imobiliário, construção civil, atuações como professor, tradutor. Eu aprendi a viver cada momento, a ser feliz em cada fase de minha vida, abraçando cada oportunidade.

Foque nessa porta que você vê se abrindo, passe por ela, atravesse, aprenda a valorizar os pequenos começos; podemos perder grandes oportunidades para nosso futuro, por não valorizar os pequenos começos.

Eu valorizei os pequenos começos, podia até ter ficado como *office boy* da Golden Cross e ir trabalhando, crescendo lá dentro, ou até mesmo na Seguradora Golden Cross, mas eu decidi: posso mudar minha história, seguindo adiante nos meus sonhos.

Veja bem: como já foi dito, não é o lugar que vai fazer diferença na sua vida; é você que vai fazer diferença no lugar.

Você é melhor do que o lugar, não se limite pelo local que você se encontra trabalhando hoje. O fato de você estar trabalhando como servente, hoje, por exemplo, não significa que não possa sonhar em ser um empresário da construção civil. A posição ou a função que você exerce é temporária, desde que você se mova! **Não se limite, cada dia nasce uma nova esperança.**

Meu pequeno começo, um carrinho de cachorro quente era apenas uma porta para que eu aprendesse a vender, trabalhar, valorizar pessoas, depois vieram outras oportunidades, estudar fora, na Inglaterra, foi uma delas!

Nessa nação abençoada e abençoadora, eu rompi, cavei poços, mudei de área, trabalhei em posições e profissões muito simples, mas sempre sonhando e focando em onde eu poderia chegar e cheguei. Porém, não estou conformado, estagnado, pois novas portas, novas fronteiras me chamam, me desafiam; a escrita é uma delas!

Desejo e vou sempre lutar para isso, ser um abençoador e, graças a Deus, tenho sido em palestras motivadoras, como pastor e como Coach e agora: **eis uma nova fronteira, OS LIVROS**! Sou muito grato a meu Deus por mais essa porta, essa nova oportunidade, essa nova fronteira que acabo de atravessar.

Prossiga, atravesse fronteiras, **faça de cada situação de sua vida uma nova oportunidade,** um **novo poço a ser cavado.** Lembre-se sempre de que cada novo nível, cada etapa de nossa vida exige uma nova versão de nós mesmos!

Tire o foco do problema e comece a pensar nas possibilidades, nas formas de sair do problema, de resolvê-lo. Se preciso for, ande na contramão, **faça das situações difíceis oportunidades raras**, pois pouquíssimas pessoas assim o fazem!

NILDO OLIVEIRA

Existe um **caminho,** uma **porta,** uma **oportunidade,** uma **fronteira,** uma **possibilidade** (ou várias) na **adversidade** e o próximo capítulo discorrerá sobre isso. Vem comigo!

CAPÍTULO 8

ENCONTRANDO NOVAS FRONTEIRAS: POSSIBILIDADES NAS ADVERSIDADES.

Provavelmente, você, como quase todos nós, já viveu momentos e situações na vida em que não via saída. Enquanto preocupava-se demasiadamente com a situação, não conseguia ver, enxergar mais nada. Acredite, todas a vezes que isso aconteceu, você perdeu uma grande oportunidade, pois por mais impossível que pareça, existem **GRANDES POSSIBILIDADES** nas adversidades! Não sejamos ingênuos, pessoas bem-sucedidas encontram situações difíceis, problemas de todas as formas, constantemente; **a grande diferença É A FORMA QUE ELAS LIDAM COM AS ADVERSIDADES.**

Portanto, "nós enxergamos o que procuramos e deixamos passar o resto." (Ed Saraiva, 2015). Se meu cérebro já está programado para perceber apenas o lado negativo, nenhuma porta, nenhuma fronteira ficará acessível a mim. Shawn Achor, em seu livro *O Jeito Harvard de ser Feliz* discorre sobre esse assunto. No capítulo de título "**SEU CÉREBRO COM UM FILTRO DE SPAM**", diz:

> *"Para lidar com a sobrecarga, o nosso cérebro possui um filtro que só permite que as informações mais pertinentes cheguem à nossa consciência. Esse filtro é muito parecido com o bloqueador de spams da sua caixa de e-mails. O seu bloqueador de spams segue determinadas regras que o instruem a deletar e-mails irrelevantes e nocivos sem que você precise vê-los ou processá-los. A mesma coisa ocorre no nosso cérebro. Cientistas estimam que só nos lembramos de uma em cada cem informações que recebemos; o resto é efetivamente filtrado e jogado no arquivo*

de spams do cérebro. (...). Os filtros de spams, seja na nossa cabeça ou no nosso e-mail, só identificam o que são programados para encontrar. Se programarmos o filtro do nosso cérebro para deletar os elementos positivos, os dados deixarão de existir para nós da mesma forma que os e-mails de anúncios e correntes deixam de existir na nossa caixa de entrada."

Sob essa ótica, o fato de não enxergarmos saída em diversas situações de nossas vidas, significa apenas que nosso cérebro está programado para tal. As saídas sempre existiram, sempre existirão. Na verdade, ainda no mesmo capítulo, Shawn Achor afirma que "*os psicólogos chamam de 'cegueira não intencional' nossa incapacidade frequente de ver o que está bem debaixo do nosso nariz se não estivermos focados diretamente nele. Esse aspecto da biologia humana implica que podemos deixar de ver um número incrivelmente grande de coisas que poderiam ser consideradas óbvias.*"

Reflita um pouco sobre sua vida agora: tem aparecido muitas situações sem saída? Você tem sentido uma certa escassez de possibilidades? Mude seu foco. Mude sua forma de ver e enxergar a vida. Pode ser que aquele pior momento, aquele pior trabalho, aquela pior empresa ou cidade de sua vida tenha sido a melhor oportunidade na vida de alguém!

Em outras palavras, não há nada externo capaz de contribuir para seu crescimento, se seu interior não mudar! Se você estiver, inconscientemente "filtrando" apenas o negativo e "bloqueando" tudo o que é positivo para sua vida, ela não pode romper!

Por mais difícil que seja o atual momento de sua vida, as portas, as oportunidades, as fronteiras precisam ser percebidas única e exclusivamente por você, primeiro! Construa uma fronteira onde você está e trate de atravessá-la de cabeça erguida.

Entenda fronteira aqui como um momento, um processo de transição. Olhando da mesma forma, fazendo as mesmas coisas, seguindo o mesmo caminho, torna-se impossível obter resultados diferentes.

"MAS SE A LUZ QUE HÁ EM TI FOREM TREVAS, QUÃO GRANDE SERÃO TAIS TREVAS!"

Nosso grande mestre Jesus usou essa frase em um outro contexto, porém quero discorrê-la aqui, pois sem hipocrisia, não vejo os ensinamentos dele condicionados ou direcionados apenas à nossa vida espiritual. Esse texto também fala de visão, de foco. Conheço cristãos extremamente religiosos, mas pessimistas, só conseguem ver a pior das hipóteses, em tudo na vida! Se esse é o seu caso, liberte-se, mude sua forma de ver toda e qualquer situação na vida. Cultive a fé, a esperança!

Shawn Achor, ainda sobre *O Jeito Harvard de Ser Feliz*, apresenta sete princípios eficazes no que se refere à decisão de ser feliz e, consequentemente, obter sucesso. Sim, segundo ele, o sucesso é uma consequência da felicidade e jamais pode ser um requisito para que a alcancemos.

Portanto, não espere ter sucesso para ser feliz, seja feliz para obter sucesso! Dentre os princípios por ele mencionados, há um que tem o título "**ENCONTRE OPORTUNIDADES NA ADVERSIDADE: CAPITALIZAR AS QUEDAS PARA GANHAR IMPULSO PARA SUBIR.**"

Esse princípio foi "elaborado" no seu livro, exatamente ao relatar os piores ou mais difíceis momentos de seu tempo de estudante, nos quais ele foi cobaia frequente em experimentos. Num desses experimentos, ele percebeu o quanto era resiliente. Mais tarde, em 2006, exatamente ao estudar sobre os mais resilientes estudantes de Harvard, encontrou oportunidades na adversidade. Segundo ele, *"O cérebro humano está constantemente criando e ajustando mapas mentais para nos ajudar a navegar por este mundo complexo e em constantes mudanças (...) e esses mapas não são cruciais apenas para a sobrevivência da natureza. Eles também são vitais para ter sucesso e prosperar no mundo dos negócios."* (pág. 117).

Em uma linguagem mais simplificada, todas as vezes que estamos conversando com um cliente, por exemplo, pensando no tipo de oferta que fazemos, nosso cérebro está de certa forma, criando um mapa do evento com as várias possibilidades e tentando prever para onde qual possibilidade levará. Ele segue, na página 118 do livro já mencionado:

"Todas as decisões humanas envolvem esse tipo de mapeamento mental: elas começam com um ponto do tipo 'você está aqui', a partir do qual uma variedade de caminhos se erradiam, e cujo número depende da complexidade e da clareza de seu pensamento no momento. As melhores decisões surgem quando pensamos com clareza e criatividade suficientes para reconhecer todos os caminhos disponíveis e prever com precisão para onde aquele caminho levará. O problema é que, quando estamos estressados ou em crise, muitos de nós deixa de ver o caminho mais importante de todos: o caminho que nos leva a encontrar oportunidades na adversidade."

Como eu já afirmei, há sempre uma diversidade de oportunidades (ou nem tantas!) nas incontáveis passagens ou nos diferentes estágios de nossa vida. Precisamos **abrir nossos olhos** de verdade, eles precisam **ser luz**, eles precisam **enxergar** aquilo que a maioria não enxerga: **os poços escondidos**. Afinal, o óbvio todos enxergam, nós não precisamos seguir o mesmo caminho que a maioria segue. Por exemplo, se todos ou quase todos estão seguindo sob a ótica de que a crise está destruindo toda e qualquer oportunidade, eu posso tentar seguir um grupo pequeno de pessoas que cavam poços diante da mesma crise. Para ter **clareza** desses **poços**, sua mente precisa estar segura, sua fé e convicção precisam ser mais fortes e determinantes do que o medo e a insegurança. Assim, ficamos mais prontos para fazer nossas escolhas. Prossigamos a observar o que diz Shawn Achor, grifo meu:

> *"Estudo após estudo demonstra que, se formos capazes de considerar um fracasso como uma oportunidade de crescimento, teremos muito mais chances de crescer. Inversamente, se pensarmos numa queda como a pior coisa do mundo, ela acaba se tornando justamente nisso (...)* **na verdade, somos libertados pelas nossas escolhas!** *Ao analisar nosso mapa mental em busca de oportunidades positivas e ao rejeitar a crença de cada queda na vida só nos leva mais para baixo, oferecemos a nós mesmos o maior poder possível:* **a capacidade de nos elevar não apesar dos contratempos, mas devido a eles!"**

UMA NOTÍCIA IMPACTANTE!

Não temos que simplesmente enfrentar as adversidades, mas podemos e devemos encontrar as oportunidades que se escondem atrás delas! Da mesma forma, as quedas e os fracassos podem e devem ser encarados como forma de crescimento.

PODER PARA ABRIR FRONTEIRAS

Portanto, seja qual for sua frustração, seja qual for a barreira que tenha te impedido de abrir, de atravessar fronteiras, faça uma escolha: DECIDA, acabamos de observar o quanto a decisão nos liberta!

Quero terminar esse capítulo mencionando uma passagem bíblica, trazendo à sua memória uma experiência de Pedro, um dos discípulos de Jesus, retirado da **BÍBLIA, versão revisada e atualizada, de João Ferreira de Almeida:**

"Certo dia Jesus estava perto do lago de Genesaré, e uma multidão o comprimia de todos os lados para ouvir a palavra de Deus. Viu à beira do lago dois barcos, deixados ali pelos pescadores, que estavam lavando as suas redes.

Entrou num dos barcos, o que pertencia a Simão, e pediu-lhe que o afastasse um pouco da praia. Então sentou-se, e do barco ensinava o povo.

Tendo acabado de falar, disse a Simão: "Vá para onde as águas são mais fundas", e a todos: "Lancem as redes para a pesca". Simão respondeu: "Mestre, esforçamo-nos a noite inteira e não pegamos nada. Mas, porque és tu quem está dizendo isto, vou lançar as redes".

Quando o fizeram, pegaram tal quantidade de peixe que as redes começaram a rasgar-se. Então fizeram sinais a seus companheiros no outro barco, para que viessem ajudá-lo; e eles vieram e encheram ambos os barcos, a ponto de quase começarem a afundar.

Quando Simão Pedro viu isso, prostrou-se aos pés de Jesus e disse: "Afasta-te de mim, Senhor, porque sou um homem pecador! "Pois ele e todos os seus companheiros estavam perplexos com a pesca que haviam feito, como também Tiago e João, os filhos de Zebedeu, sócios de Simão. Então Jesus disse a Simão: "Não tenha medo; de agora em diante você será pescador de homens". Eles então arrastaram seus barcos para a praia, deixaram tudo e o seguiram."(Lucas 5: 1-11)

Talvez você esteja ainda pensando no último fracasso, **na última vez** que **"lançou a rede"** não pescou nada. Pode ser que você tenha investido na pessoa errada, no lugar errado, no momento errado e esteja desanimado, desmotivado. Não desista! Veja **como Pedro, numa noite, não pescou nada e no dia seguinte fez a maior pesca de sua vida**. Sua melhor experiência pode vir depois de sua maior frustração, sua melhor oportunidade pode vir depois da maior adversidade!

CAPÍTULO 9

CONCLUSÃO

O PODER JÁ FOI LIBERADO

Da mesma forma que, no decorrer de toda essa obra, tenho tentado desmitificar o sentido das fronteiras aqui descritas, gostaria de fazê-lo com a palavra **poder**.

DESMITIFICAR provém de "mito" e significa "desfazer o mito, tirar o caráter de mito".

Percebemos que nem toda fronteira é uma barreira e que nossas mentes **SUPERDIMENSIONAM** várias de nossas passagens, deixando-nos com a sensação de que elas, são muito mais difíceis do que na verdade são. No caso das fronteiras aqui descritas, todas são absolutamente possíveis de se atravessar; porém através do medo, criamos uma barreira onde não existe, e acabamos vivendo aquilo que enxergamos!

Não devemos subestimar e nem tampouco superdimensionar o significado das palavras: elas são exatamente na medida certa. O mito, quem cria é a nossa mente e como cria! Nossa tendência para "acrescentar" valores em quase tudo que nos dificulta é notável. Da mesma, assim o fazemos com aquilo que decidimos ser inatingível, ou na maioria das vezes, aquilo que é inalcançável: a famosa frase "não é para mim."

Nesse sentido, criou-se o mito de que poder é algo muito "espiritual" ou muito "elitista". Como se ele estivesse limitado à alguns líderes religiosos ou à classe política. É bem verdade que esse poder destinado a eles existe, mas e nós? E o resto da população? Será que não existe nenhuma forma de termos ou de exercermos poder? Não sejamos ignorantes, é óbvio que sim: **comunicação é poder; conhecimento é poder**; só para citar dois exemplos.

A verdade é que há muito mais poder em nossa mente do que imaginamos! Lembra-se do que Deus disse em Sua Palavra, num outro contexto, lógico, em Oséias, capítulo quatro? Vejamos em versões diferentes:

"O meu povo perece por falta de conhecimento."

"O meu povo foi destruído porque lhe faltou o conhecimento."

"O meu povo se perde por falta de conhecimento."

O único aspecto a ser comentado a respeito do texto é o fato de como a ausência de conhecimento nos priva de direitos já conquistados, nos aprisiona sem que sequer tenhamos consciência. Deus no deu uma mente criativa, aliás a Palavra Dele diz que temos a mente de Cristo e isso é muito mais profundo e complexo do que imaginamos. Se temos a mente Dele no amor, na obediência, dentre vários outros aspectos, por acaso não a temos também no poder?

Felizmente, vários estudos dessa área, mente humana, têm surgido e hoje temos muito mais clareza da nossa capacidade de criar, através de nossa mente. Sim, nossa mente é muito mais criativa do que sabíamos até décadas atrás. Existe um poder criador em nossa mente, por isso mencionei no decorrer dessa obra que tudo começa na nela.

A respeito dessa descoberta (que poucos ainda se interessaram) há uma grande referência: Anthony Robbins, auto do livro **O Poder sem limites**, do qual vamos destacar alguns pontos relevantes para a conclusão desse livro. A sinopse dessa obra (***O Poder sem limites***), no site **PERGAMINHO**, diz:

> "*Se sonha em ter uma vida melhor, este livro é ideal para si. Vai ensiná-lo a conquistar a qualidade de vida que deseja e merece, e controlar a sua vida pessoal e profissional. Anthony Robbins já provou a dezenas de milhões de pessoas, através dos seus livros e workshops, que basta concentrar-se no poder da mente para fazer, conquistar e criar tudo o que quiser na sua vida. Já treinou a motivação de desempenho de chefes de estado, membros de famílias reais, atletas olímpicos e estrelas de cinema.*
>
> *Demonstrando, passo a passo, como ter um desempenho excelente e conquistar a independência financeira e emocional,* **O Poder Sem Limites** *dá-lhe a sabedoria e a coragem necessárias para se reconstruir a si próprio e ao seu mundo. Um manual indispensável para atingir o sucesso a todos os níveis.*"

Note-se que o parágrafo acima diz que o estudo da obra dá-nos a sabedoria e a coragem necessárias para reconstruir a nós mesmos e ao nosso mundo, ou seja, não é uma mágica, é questão de ter mais sabedoria e ter mais coragem, vencer o medo.

Porém, qual o aprendizado principal em cima de toda a obra? É o fato de que existe um processo educacional o qual fala a respeito da melhor forma de se usar o cérebro; e é exatamente isso, dentre outros aspectos, que Antony Robbins fala em sua grande obra **Poder sem limites**. Afinal, se todos nós, por exemplo, como profissionais, trabalhamos tendo em vista nossas metas, nada melhor do que inteirar-se de técnicas direcionadas ao nosso sucesso; as quais baseadas no autoconhecimento e na ação, enriquecem a ideia de que "todos são capazes de fazer, ter e ser exatamente o que quiserem." A obra, além de afirmar que existem caminhos para que nos livremos de nossos medos e culpas (o que nos atrapalha a crescer), mostra todo o suporte para que sejam aplicadas estratégias e ferramentas que nos levam a descobrir o que realmente queremos para a vida.

Assim, vamos "**Eliminando medos e inseguranças**", ao abandonarmos as crenças limitantes, enquanto simultaneamente vamos "**Deixando a zona de conforto**".

Tão importante quanto, o livro fala de mecanismos básicos para garantir o sucesso em todas as áreas de nossas vidas, dos quais destacam-se três. Vejamos no tópico a seguir.

TRÊS MECANISMOS PODEROSOS

A) Paixão - Estímulo extremamente essencial para que liberemos nosso verdadeiro potencial e reforcemos nossa busca do sucesso;

B) Estratégia - Caminhos que nos ajudam a ordenar nossas ações para alcançar nossos objetivos;

C) Domínio da Comunicação - como já disse, comunicação é poder!

Outra parte muito relevante do livro **Poder sem Limites** são as cinco fórmulas ou chaves da prosperidade, pois elas se caracterizam e podem somar-se aos nossos objetivos. Vejamos três:

Exprima seus objetivos em termos positivos;

Seja o mais específico possível;

Tenha um procedimento evidente (como saber se foi alcançado?).

Enfim, todo o poder que precisamos, para atravessar todas as fronteiras, em todas as áreas de nossa vida, já foi liberado! Cabe a nós conhecer sobre esse poder, exercitarmos e esforçamos para nos manter nele. São detalhes simples, mas que, porém, fazem muita diferença, como a comunicação, por exemplo!

Nossa fé é preciosa, através dela, temos acesso a lugares altos; porém, é necessário atravessar as fronteiras, tomar posse desses lugares altos, desses novos territórios! Exerça o poder que há em você, descubra seu potencial. **VOCÊ TEM PODER PARA ABRIR FRONTEIRAS!**

BIBLIOGRAFIA:

ACHOR, Shawn. *O Jeito Harvard de ser feliz*. São Paulo: Editora Saraiva, 2015;

GOLEMAN, Daniel. O Poder da Inteligência emocional. São Paulo: Editora Saraiva, 1998;

GOLEMAN, Daniel. Social Intelligence. New York : Bantam, 2006 ;

ROBBINS, Anthony. *Poder sem limites*. Rio de Janeiro: Editora Nova Fronteira, 2014;

Bíblia Sagrada, versão revisada e atualizada, de João Ferreira de Almeida.

www.ingramcontent.com/pod-product-compliance
Lightning Source LLC
Chambersburg PA
CBHW071725040426
42446CB00011B/2229